Lit 4.
489.

BIBLIOTHÈQUE FRANCO-ITALIENNE

PUBLIÉE PAR J. BRY

50 CENTIMES

50 CENTIMES

HISTOIRE POPULAIRE

DE LA

CAMPAGNE D'ITALIE

PAR ALFRED DELVAU

60 CENTIMES
pour la province

60 CENTIMES
pour la province

PARIS — 1859

ÉCRIVAIN ET TOUBON, LIBRAIRES, RUE GIT-LE-CŒUR, 10

HISTOIRE POPULAIRE

DE LA

CAMPAGNE D'ITALIE

VARESE -- VERCELLI -- MONTEBELLO -- PALESTRO -- TURBIGO -- ROBECCHETTO -- MAGENTA
MALEGNANO -- SOLFERINO -- VILLAFRANCA

I.

Les Anciens représentaient la Victoire sous la figure d'une jeune fille toujours gaie, avec des ailes, tenant d'une main une couronne de laurier et de l'autre une branche d'olivier.

Ce symbole est charmant, — comme presque tous les symboles du Paganisme. Et il est d'une application fort heureuse à cette dernière campagne d'Italie qui a commencé par des lauriers — et qui vient d'abouter à une branche d'olivier. Montebello, d'abord; Villafranca ensuite. Où trouver des étapes plus glorieuses? Varèse, Vercelli, Montebello, Palestro, Turbigo, Robecchetto, Magenta, Malegnano, Solferino! Les Athéniens — qui étaient aussi des Anciens — ne donnaient point d'ailes à leur déesse Victoire, comme pour l'empêcher de s'éloigner d'eux. C'est ce qu'ont fait les armées alliées de France et de Piémont : la victoire ne les a pas abandonnées un seul instant.

Aujourd'hui que le but de la guerre entreprise contre l'Autriche est atteint, — ou à peu près, — nous croyons qu'il ne sera pas sans intérêt de mettre sous les yeux des lecteurs un résumé aussi rapide que complet des phases diverses de cette brillante campagne d'Italie qui vaut bien la première, à ce qu'il nous semble. Soldats de Montenotte, de Millesimo, de Mondovi, de Lodi, de Castiglione, de Roveredo, d'Arcole, de Rivoli, de Mantoue, êtes-vous contents de vos cadets, les zouaves, les turcos, les chasseurs d'Afrique, les voltigeurs et les grenadiers? Soldats de la République, alliez-vous plus vite à la gloire que ces soldats de l'Empire? Vous avez fait courageusement, eux et vous, votre rude métier de tueurs. La France est fière de vous aujourd'hui, comme elle l'était alors. Reposez-vous maintenant, — vous, les aînés, dans votre panthéon, vous, les cadets, dans le vôtre. Vous avez bien mérité de la Patrie !

Nous allons donc jeter un coup d'œil rétrospectif sur cette campagne de deux mois, et nous essaierons de ne rien oublier. Nous ferons plus, même, nous redirons, dans cette brochure générale, quelques-unes des choses que nous avons dites dans des brochures particulières. Elles n'en fortifieront que mieux notre récit, et, bien loin de faire double emploi, elles n'en seront que mieux encore à leur place ici.

II

Le 14 mars 1859, le *Moniteur universel* — organe officiel du gouvernement français — publiait une note ainsi conçue :

« Une partie de l'Allemagne présente aujourd'hui un spectacle qui nous afflige et nous étonne.

« Une question vague, indéfinie, qui touche aux problèmes les plus délicats comme aux intérêts les plus élevés, surgit tout-à-coup dans le monde politique. Le gouvernement français y voit un sujet d'examen et un devoir de vigilance. Il ne se préoccupe de la situation inquiétante de l'Italie que pour la résoudre, de concert avec ses alliés et dans l'intérêt du repos de l'Europe. Est-il possible de montrer un désir plus sincère de dénouer pacifiquement les difficultés et de prévenir les complications qui résultent toujours du manque de prévoyance et de décision?

« Cependant une partie de l'Allemagne répond à cette attitude si calme par les alarmes les plus irréfléchies. Sur une simple présomption que rien ne justifie et que tout repousse, les préjugés s'éveillent, les défiances se propagent, les passions se déchaînent : une sorte de croisade contre la France est entamée dans les chambres et dans la presse de quelques-uns des Etats de la Confédération. On l'accuse d'entretenir des ambitions qu'elle a désavouées, de préparer des conquêtes dont elle n'a pas besoin, et l'on s'efforce, par ces calomnies, d'effrayer l'Europe d'agressions imaginaires dont la pensée n'a même point existé.

« Les hommes qui égarent de cette façon le patriotisme allemand se trompent de date. C'est bien d'eux que l'on peut dire qu'ils n'ont rien oublié ni rien appris. Ils se sont endormis en 1813, et ils se réveillent, après un sommeil d'un demi-siècle, avec des sentiments et des passions ensevelis dans l'histoire, et qui sont un contre-sens par rapport au temps actuel. Ce sont des visionnaires qui veulent absolument défendre ce que personne ne songe à attaquer.

« Si le gouvernement français n'était pas convaincu que ses actes, ses principes et le sentiment de la majorité du peuple allemand démentent les suspicions dont on voudrait le rendre l'objet, il aurait le droit d'en être blessé ; il pourrait y voir, non-seulement une injustice, mais encore une atteinte à l'indépendance de sa politique. En effet, tout le mouvement que l'on essaye d'exciter sur le Rhin à propos d'une question qui ne menace pas l'Allemagne, mais où la France est intéressée comme puissance européenne, ne tendrait à rien moins qu'à lui contester le droit de faire sentir son influence en Europe et de défendre ses propres intérêts, même avec la plus extrême modération. C'est là une prétention qui serait blessante, si elle pouvait être sérieuse. La vie d'une grande nation comme la France n'est pas enfermée dans ses frontières : elle se manifeste dans le monde entier par l'action salutaire qu'elle exerce au profit de sa puissance nationale en même temps que pour l'avantage de la civilisation. Quand une nation renonce à ce rôle, elle abdique son rang.

« Ainsi donc, contester cette légitime influence qui protège partout le bon droit, ou la confondre avec les ambitions qui le menacent, c'est méconnaître également le rôle qui appartient à la France et la modération dont l'Empereur a donné tant de preuves depuis que le peuple français l'a élevé à la responsabilité du pouvoir suprême.

« L'Empereur, qui a su dominer tous les préjugés, devrait s'attendre à ce qu'ils ne fussent pas invoqués contre lui. Que serait-il arrivé si, en montant sur le trône, il avait apporté les sentiments étroits et les souvenirs irrités auxquels on fait appel aujourd'hui pour le rendre suspect? Au lieu de se faire l'allié le plus intime de l'Angleterre, comme le lui conseillaient les intérêts de la civilisation, il fût devenu son rival, comme semblaient le lui commander les rivalités séculaires des deux peuples ; au lieu d'accueillir les hommes de tous les partis, il eût repoussé avec défiance les serviteurs des anciennes dynasties ; au lieu de raffermir et de calmer l'Europe, il l'eût ébranlée, en rachetant, au prix de sa sécurité et de son indépendance, les souvenirs de 1814 et de 1815.

« Si l'Empereur, cédant à de telles suggestions, avait voulu, sans raison, renouveler, dans une ère de paix et de civilisation, les guerres et les conquêtes du premier Empire, il n'eût pas été de son temps, et il eût ainsi encouru le plus grand blâme qui puisse atteindre un chef de gouvernement. On ne règne pas avec gloire quand on obéit à des rancunes et à des haines. Il n'y a de gloire véritable pour un souverain que celle qui se fonde sur l'appréciation généreuse des besoins de son pays et sur la garantie éclairée des intérêts de la société.

« Nous constatons simplement ici une situation mise en lumière par tant d'actes décisifs de la politique de l'Empereur. Devant cette situation si nette et si franche, l'Europe se sentira affermie dans sa sécurité, et ceux qui veulent l'effrayer et la tromper éprouveront peut-être quelque embarras.

« Quant à la France, elle ne s'est pas émue jusqu'à présent de ces vagues rumeurs et de ces attaques injustes ; elle ne rend pas toute l'Allemagne responsable de l'erreur ou de la malveillance de quelques manifestations qui répondent plutôt à de mesquins ressentiments qu'à des craintes sérieuses. Le patriotisme allemand, quand il n'est pas obscurci par des préventions, sait très bien distinguer entre les devoirs qui l'obligent et les préjugés qui l'égarent. L'Allemagne n'a rien à craindre de nous pour son indépendance ; nous devons attendre d'elle autant de justice pour nos intentions que nous avons de sympathie pour sa nationalité. C'est en se montrant impartiale qu'elle se montrera prévoyante et qu'elle servira le mieux la cause de la paix.

« La Prusse l'a compris, et elle s'est unie à l'Angleterre pour faire entendre à Vienne de bons conseils, au moment même où quelques agitateurs cherchaient à passionner et à coaliser contre nous la confédération germanique. Cette attitude réservée du cabinet de Berlin est certainement plus avantageuse à l'Allemagne que l'emportement de ceux qui, en faisant appel aux rancunes et aux préjugés de 1813, s'exposent à irriter en France le sentiment national. Le peuple français a la susceptibilité de son honneur en même temps que la modération de sa force, et si on l'excite par la menace, on le calme par la conciliation. »

Cette note du gouvernement français répondait aux craintes mal fondées des petits États allemands, qui se croyaient menacés par la politique de la France, dans la question du Piémont. Nous la reproduisons ici parce qu'elle y est à sa place ; il n'y a pas à se méprendre sur sa signification.

La politique de la France, en effet, ne menaçait personne : elle avouait clairement ses sympathies pour le Piémont, devenu son allié par suite du mariage de la fille du roi Victor-Emmanuel avec le cousin de l'empereur Napoléon III. Elle ne menaçait personne : elle voulait seulement venir en aide à ceux qui étaient menacés.

Nous parlons du Piémont contre lequel l'Autriche, dès le commencement du mois de mars, avait fait mouvoir ses troupes, — ce qui, à coup sûr, n'annonçait pas des intentions bien pacifiques.

L'Autriche armait, le Piémont dut armer aussi, — tout naturellement, — et bientôt il publiait un manifeste pour appeler sous les drapeaux les militaires qui se trouvaient en congé.

Comme chacun des documents écrits, publiés à propos de cette Campagne d'Italie, a son importance et son intérêt propres, — même les documents les plus arides, — nous donnons ici ce Manifeste du Piémont, signé par le commandant militaire de la province de Turin. Il ne faut rien oublier quand on écrit l'histoire, et souvent le pourquoi et le comment des plus grandes choses se trouve perdu dans une humble note, dans un petit document bien modeste, auquel personne n'a pris garde.

Cela dit, pour le présent et pour l'avenir, donnons ce document :

« Vu la circulaire du ministère de la guerre du 9 courant, portant ordre du roi pour le rappel extraordinaire des militaires des provinces en congé illimité, le commandant militaire de la province soussigné ordonne ce qui suit : Sont appelés sous les armes tous les provinciaux actuellement en congé illimité de tous corps de l'armée et bataillon de la marine royale appartenant aux classes de la levée 1828, 1829, 1830, 1831 et 1832. Sont en outre appelés les militaires des classes de 1832 et 1833 qui de la deuxième catégorie ont passé à la première à l'époque de la guerre d'Orient, et les militaires de la classe de 1833 appartenant au régiment des sapeurs du génie et au bataillon d'administration.

« De la présente levée sont uniquement dispensés les militaires qui, par disposition spéciale du ministère de la guerre, ont été renvoyés dans leurs foyers par suite d'inspection, de renvoi, ou parce qu'ils se trouvent compris dans un des cas dont parle l'article 9 de la loi sur le recrutement. (Cette circonstance doit résulter des émargements sur les feuilles de congé illimité dont ils sont porteurs.) Tous les militaires ainsi appelés devront se présenter au chef-lieu de leur province respective, du 1er au 25 du mois de mars courant. Les malades ou ceux retenus par force majeure devront justifier de l'impossibilité d'obéir, par le moyen de certificats authentiques et valables. Les cas d'infirmité devront être constatés par un médecin et confirmés par le maire après information préalable. Durant l'infirmité, les déclarations devront être renouvelées de quinze en quinze jours, et envoyées par le maire au commandant de la province.

« Les absents de leurs foyers seront rappelés par les soins des parents ou des maires. Ceux à qui a été concédé un permis d'un an, de six ou de trois mois, à la suite d'un inspection de renvoi, devront, à l'expiration de ladite permission, se présenter devant le commandant de ladite province pour être, s'ils sont guéris, envoyés sur-le-champ sous les drapeaux. Les maires adopteront les dispositions opportunes pour que tous les militaires appelés, qui, pour cause de domicile ou de séjour temporaire, ou pour tout autre motif, se trouvent dans les communes, soient prévenus d'avoir à se présenter dans le délai voulu devant le commandant militaire de leurs provinces respectives, munis de la feuille de congé illimité et de tout leur équipement militaire.

« On prévient que la publication du présent manifeste impose à tous l'obligation d'obéir, et que le prétexte de n'avoir pas reçu individuellement l'ordre de départ ne sera pas réputé une bonne et valable excuse. On n'accordera, pour aucune raison, des délais pour le départ, et ceux qui, sans légitime empêchement, seront retardataires, seront amenés sous escorte des carabiniers royaux. Les retardataires et ceux qui, après l'expiration des quinze jours suivant celui où ils auront dû se présenter devant le commandant militaire de la province ou justifier de la permission, se seront livrés à la désertion, seront punis suivant le cas, d'après les réglements ou d'après la loi.

« Les provinciaux qui, après être arrivés sous les drapeaux, auront à alléguer des infirmités permanentes, des défauts ou des indispositions physiques, seront assujettis à la visite de renvoi.

« Les maires, dans l'exécution de la section I, chapitre 3, livre 12 du réglement sur le recrutement, et plus spécialement des règles spécifiées aux paragraphes 1086, 1087 et 1095, donneront à leurs administrés tous les renseignements qui seront exigés par la spécialité des cas.

« Le présent manifeste sera, à plusieurs reprises, publié dans toutes les communes de la province, par le soin des maires chargés d'en expédier le rapport à ce commandant. »

III

Le 21 avril, — après et malgré les voyages et les notes diplomatiques de la Russie, de l'Angleterre et de la Prusse, — l'Autriche envoyait au Piémont une sommation directe d'avoir à désarmer sous trois jours, à peine d'hostilités immédiates.

Voici cet ultimatum, tel qu'il a paru dans la *Gazette de Vienne*, — le *Moniteur officiel* de l'empereur François-Joseph :

« M. le comte de Buol-Schauenstein à M. le comte de Cavour.

« Le gouvernement impérial, — Votre Excellence le sait, — s'est empressé d'accéder à la proposition du cabinet de Saint-Pétersbourg de réunir un congrès des cinq puissances pour chercher à aplanir les complications survenues en Italie.

« Convaincus toutefois de l'impossibilité d'entamer, avec des chances de succès, des délibérations pacifiques en présence du bruit des armes et des préparatifs de guerre poursuivis dans un pays limitrophe, nous avons demandé la mise sur pied de paix de l'armée sarde et le licenciement des corps francs ou volontaires italiens, préalablement à la réunion du congrès.

« Le gouvernement de Sa Majesté Britannique trouva cette condition si juste et si conforme aux exigences de la situation, qu'il n'hésita pas à se l'approprier en se déclarant prêt à insister, conjointement avec la France, sur le désarmement immédiat de la Sardaigne, et à lui offrir en retour, contre toute attaque de notre part, une garantie collective à laquelle, cela s'entend, l'Autriche aurait fait honneur.

« Le cabinet de Turin paraît n'avoir répondu que par un refus catégorique à l'invitation de mettre son armée sur pied de paix et d'accepter la garantie collective qui lui était offerte.

« Ce refus nous inspire des regrets d'autant plus profonds que, si le gouvernement sarde avait consenti au témoignage de sentiments pacifiques qui lui était demandé, nous l'aurions accueilli comme un premier symptôme de son intention de concourir, de son côté, à l'amélioration des rapports malheureusement si tendus entre les deux pays depuis quelques années. En ce cas, il nous aurait été permis de fournir, par la dislocation des troupes impériales stationnées dans le royaume lombardo-vénitien, une preuve de plus qu'elles n'y ont pas été rassemblées dans un but agressif contre la Sardaigne.

« Notre espoir ayant été déçu jusqu'ici, l'empereur, mon auguste maître, a daigné m'ordonner de tenter directement un effort suprême pour faire revenir le gouvernement de Sa Majesté Sarde sur la décision à laquelle il paraît s'être arrêté.

« Tel est, monsieur le comte, le but de cette lettre. J'ai l'honneur de prier Votre Excellence de vouloir bien prendre son contenu en la plus sérieuse considération, et de me faire savoir si le gouvernement royal consent, oui ou non, à mettre sans délai son armée sur pied de paix et à licencier les volontaires italiens.

« Le porteur de la présente, auquel vous voudrez bien, monsieur le comte, faire remettre votre réponse, a l'ordre de se tenir, à cet effet, à votre disposition pendant trois jours.

« Si, à l'expiration de ce terme, il ne recevait pas de réponse, ou que celle-ci ne fût pas complétement satisfaisante, la responsabilité des graves conséquences qu'entraînerait ce refus retomberait tout entière sur le gouvernement de Sa Majesté Sarde. Après avoir épuisé en vain tous les moyens conciliants pour procurer à ses peuples la garantie de paix sur laquelle l'empereur est en droit d'insister, Sa Majesté devra, à son grand regret, recourir à la force des armes pour l'obtenir.

« Dans l'espoir que la réponse que je sollicite de Votre Excellence sera conforme à nos vœux tendants au maintien de la paix, je saisis, etc., etc... »

A cet ultimatum de l'Autriche, le comte de Cavour répondait, au nom du roi Victor-Emmanuel :

« A M. le comte de Buol.

« Monsieur le comte,

« Le baron de Kellersberg m'a remis, le 23 courant, à cinq heures et demie du soir, la lettre que Votre Excellence m'a fait l'honneur de m'adresser le 13 de ce mois, pour me mander, au nom du gouvernement impérial, de répondre par un *oui* ou par un *non* à l'invitation qui nous est faite de réduire l'armée sur le pied de paix et de licencier les corps formés de volontaires italiens, en ajoutant que si, au bout de trois jours, Votre Excellence ne recevait pas de réponse, ou si la réponse qui lui était faite n'était pas complétement satisfaisante, Sa Majesté l'empereur d'Autriche était décidé à avoir recours aux armes pour nous imposer par la force les mesures qui forment l'objet de sa communication.

« La question du désarmement de la Sardaigne, qui constitue le fond de la demande que Votre Excellence m'adresse, a été l'objet de nombreuses négociations entre les grandes puissances et le gouvernement de Sa Majesté. Ces négociations ont abouti à une proposition formulée par l'Angleterre, à laquelle ont adhéré la France, la Prusse et la Russie.

« La Sardaigne l'a acceptée sans réserve ni arrière-pensée. Comme Votre Excellence ne peut ignorer ni la proposition de l'Angleterre ni la réponse de la Sardaigne, je ne saurais rien ajouter pour lui faire connaître les intentions du gouvernement du roi à l'égard des difficultés qui s'opposaient à la réunion du congrès.

« La conduite de la Sardaigne, dans cette circonstance, a été appréciée par l'Europe. Quelles que puissent être les conséquences qu'elle amène, le roi, mon auguste maître, est convaincu que la responsabilité en retombera sur ceux qui ont armé les premiers, qui ont refusé les propositions formulées par une grande puissance, et reconnues justes et raisonnables par les autres, et qui maintenant y substituent une sommation menaçante.

« Je saisis cette occasion, etc.

« Signé, C. Cavour. »

La situation devenait grave. Une armée de deux cent mille hommes se concentrait sur les frontières du Piémont. Y pourvoir était de nécessité urgente.

Pendant que le sénat sarde conférait au roi Victor-Emmanuel pleins pouvoirs pendant toute la durée de la guerre qui s'annonçait; pendant que le baron de Kellersberg remettait au général Giulay la réponse à l'ultimatum de l'Autriche, la France envoyait un corps d'armée au secours de son alliée. La garde impériale, deux régiments de grenadiers, un régiment de zouaves, partaient pour l'Italie, au milieu des acclamations enthousiastes de la population et des vœux les plus ardents pour le succès de l'armée franco-sarde.

Le même jour paraissait dans le *Moniteur* un exposé des faits auxquels il convenait de rattacher les complications qui avaient amené la guerre.

Voici cet exposé :

« L'état de l'Italie, aggravé par les mesures administratives adoptées dans le royaume lombard-vénitien, avait déterminé le gouvernement autrichien à faire, dès le mois de décembre dernier, des armements qui n'ont pas tardé à présenter un caractère assez menaçant pour éveiller en Piémont les plus sérieuses inquiétudes.

« Le gouvernement de l'Empereur a pu voir surgir ces difficultés sans se montrer vivement préoccupé des conséquences qu'elles pouvaient avoir pour la paix de l'Europe. N'étant point dans le cas d'intervenir directement pour proposer lui-même les moyens de les prévenir, il s'est toutefois empressé d'accueillir les ouvertures qui lui ont été faites. Plein de confiance dans les sentiments du gouvernement de Sa Majesté Britannique, aussi bien que dans les lumières de son ambassadeur à Paris, le gouvernement de l'Empereur a sincèrement applaudi à la mission que M. le comte Cowley est allé remplir à Vienne comme à une première tentative propre à préparer un rapprochement ; et il s'est félicité avec une satisfaction non moins réelle d'apprendre que les idées échangées entre M. l'ambassadeur d'Angleterre et le gouvernement autrichien étaient de nature à fournir des éléments de négociations.

« La proposition de se réunir en congrès, présentée dans le même moment par la Russie, répondait à cette situation de la manière la plus heureuse, en appelant les cinq puissances à participer également à la discussion d'une question d'intérêt européen ; le gouvernement de l'Empereur n'a pas hésité à faire connaître qu'il adhérait à cette proposition.

« En y adhérant de même, le gouvernement anglais a jugé utile de préciser les bases des délibérations éventuelles du congrès. Ces bases sont les suivantes :

« 1° Déterminer les moyens par lesquels la paix peut être maintenue entre l'Autriche et la Sardaigne ;

« 2° Établir comment l'évacuation des États romains par les troupes françaises et autrichiennes peut être le mieux effectuée ;

« 3° Examiner s'il convient d'introduire des réformes dans l'administration intérieure de ces États et des autres États de l'Italie dont l'administration offrirait des défauts qui tendraient évidemment à créer un état permanent et dangereux de trouble et de mécontentement, et quelles seraient ces réformes ;

« 4° Substituer aux traités entre l'Autriche et les duchés une confédération des États de l'Italie entre eux pour leur protection mutuelle, tant intérieure qu'extérieure.

« Le gouvernement de l'Empereur a mis à acquiescer sans réserve à ces bases de la négociation le même empressement qu'il avait montré à accepter la proposition d'un congrès.

« Le gouvernement autrichien avait, de son côté, donné son assentiment à la réunion d'un congrès, en l'accompagnant de quelques observations, mais sans y mettre de conditions formelles et absolues, et tout devait faire espérer que les négociations pourraient s'ouvrir dans un délai rapproché.

« Le cabinet de Vienne avait parlé du désarmement préalable de la Sardaigne comme d'une mesure indispensable pour assurer le calme des délibérations, et il en fit plus tard une condition absolue de sa participation au congrès. Cette demande ayant soulevé des objections unanimes, le cabinet de Vienne y substitua la proposition d'un désarmement général et immédiat, en l'ajoutant comme un cinquième point aux bases des négociations.

« Ainsi, messieurs, tandis que la France avait successivement accepté, sans hésitation, toutes les propositions qui lui avaient été présentées, l'Autriche, après avoir paru disposée à se prêter aux négociations, soulevait des difficultés inattendues.

« Le gouvernement de l'Empereur n'en a pas moins persévéré dans les sentiments de conciliation qu'il avait pris pour règle de sa conduite. Le cabinet anglais, continuant de s'occuper avec la plus loyale sollicitude des moyens de faire disparaître les retards que la question du désarmement apportait à la réunion du congrès, avait pensé que l'on satisferait au cinquième point mis en avant par l'Autriche si l'on admettait immédiatement le principe du désarmement général, en convenant d'en régler l'exécution à l'ouverture même des délibérations des plénipotentiaires.

« Le gouvernement de Sa Majesté a consenti à accepter cette combinaison. Il restait toutefois à déterminer si, dans cet état de choses, il était nécessaire que la Sardaigne elle-même souscrivît préalablement au principe du désarmement général. Il ne paraissait pas qu'une pareille condition pût être imposée au gouvernement sarde s'il était laissé en dehors des délibérations du congrès ; mais cette considération même offrait les éléments d'une combinaison nouvelle qui, entièrement conforme aux principes de l'équité, ne semblait pas devoir soulever d'objections. Le gouvernement de l'Empereur déclara au gouvernement anglais qu'il était disposé à engager le cabinet de Turin à donner lui-même son assentiment au principe du désarmement général, pourvu que tous les États italiens fussent invités à faire partie du congrès.

« Vous savez déjà, messieurs, que, modifiant cette suggestion de manière à concilier toutes les susceptibilités, le gouvernement de Sa Majesté Britannique a présenté une dernière proposition basée sur le principe du désarmement général simultané et immédiat. L'exécution devait en être réglée par une commission dans laquelle le Piémont serait représenté. Les plénipotentiaires se réuniraient aussitôt que cette commission serait elle-même rassemblée, et les États italiens seraient invités par le congrès à siéger avec les représentants des cinq grandes puissances de la même manière qu'au congrès de Laybach en 1821.

« Le gouvernement de l'Empereur a voulu manifester de nouveau ses dispositions conciliantes en adhérant à cette proposition qui a été de même acceptée sans délai par les cours de Prusse et de Russie, et à laquelle le gouvernement piémontais s'est également déclaré prêt à se conformer.

« Toutefois, au moment même où le gouvernement de l'Empereur croyait pouvoir nourrir l'espoir d'une entente définitive, nous avons appris que la cour d'Autriche refusait d'accepter la proposition du gouvernement de Sa Majesté Britannique et adressait une sommation directe au gouvernement sarde. Pendant que d'un côté le cabinet de Vienne persiste à ne pas consentir à l'admission des États italiens au congrès, dont il rend ainsi la réunion impossible ; de l'autre, il demande au Piémont de s'engager à mettre son armée sur le pied de paix et à licencier les volontaires, c'est-à-dire à concéder sans délai et isolément à l'Autriche ce qu'il a déjà accordé aux puissances, sous la seule réserve de s'en entendre avec elles.

« Je n'ai pas besoin de faire ressortir le caractère de cette démarche, ni d'insister plus longuement pour mettre en lumière les sentiments de modération dont le gouvernement de l'Empereur n'a cessé au contraire de se montrer animé. Si les efforts réitérés des quatre puissances pour sauvegarder paix ont rencontré des obstacles, notre conduite l'atteste hautement, ces obstacles ne sont point ve nus de la France. Enfin, messieurs, si la guerre doit sortir des complications présentes, le gouvernement de Sa Majesté aura la ferme conviction d'avoir fait tout ce que sa dignité lui permettait pour prévenir cette extrémité, et ce n'est point sur lui qu'on pourra en faire peser la responsabilité. Les protestations que les gouvernements de la Grande-Bretagne, de la Russie et de la Prusse ont adressées à la cour d'Autriche attestent qu'on nous rend déjà à cet égard une entière justice.

« En présence de cet état de choses, si la Sardaigne est menacée, si, comme tout le fait présumer, son territoire est envahi, la France ne peut pas hésiter à répondre à l'appel d'une nation alliée à laquelle l'unissent des intérêts communs et des sympathies traditionnelles, rajeunies par une récente confraternité d'armes et par l'union contractée entre les deux maisons régnantes.

« Aussi, messieurs, le gouvernement de l'Empereur, fort de la constante modération et de l'esprit de conciliation dont il n'a jamais cessé de s'inspirer, attend avec calme le cours des événements, ayant la confiance que sa conduite, dans les différentes péripéties qui viennent de se succéder, rencontrera l'assentiment unanime de la France et de l'Europe. »

IV

Malgré son parti pris d'attaquer le Piémont, l'Autriche, il faut le dire, ne se présenta que le 29 avril pour franchir le Tessin, son Rubicon, — c'est-à-dire que trois jours après l'expiration de l'ultimatum qu'elle avait fixé elle-même. Il lui fallut cinq autres jours pour enjamber cette limite du Piémont en cinq corps, — les 2e, 3e, 5e, 7e et 8e, aux ordres des princes Lichtenstein, Swarzenberg, comte Stadion, baron Zobel et Benedek.

Les lignes furent formées sur la rivière d'Agogno, au nord, jusqu'à San-Nazzaro, et, à l'est, le long du Pô. Le comte Giulay, généralissime, établit ses avant-postes à Verceil, et tout le pays nord du Pô se trouva ainsi occupé par les Autrichiens jusqu'à Biella et Craglia au nord-ouest, ainsi qu'à la Dora Baltea à l'ouest.

En même temps, ils jetaient deux ponts sur ce fleuve, l'un près de Cambio, l'autre à Cornale, ce qui leur permit d'occuper momentanément Castelnuovo sur la Scrivia, Voghera, Ponte-Curone et Tortone. Mais une crue subite, une crue de quinze pieds, les força de se replier en toute hâte sur la rive gauche du Pô, de peur de voir couper leurs communications par la destruction des ponts.

Pendant ce temps, l'armée française accourait au secours du Piémont. Aux mouvements de troupes que nous avons annoncés tout à l'heure, venaient s'ajouter d'autres mouvements. L'enthousiasme qui avait salué nos soldats à leur départ de France, les saluait à leur entrée en Savoie.

Le 26 avril, la nouvelle du passage des troupes françaises s'étant répandue, les abords de la gare de Chambéry étaient, dès dix heures du matin, encombrés, malgré la pluie, par une foule immense, attendant avec impatience le moment de saluer les vaillants soldats de l'indépendance italienne.

Vers onze heures et demie, on vit arriver un convoi de marchandises. La foule, croyant que c'étaient les Français, enjamba les barrières et se précipita sur le quai de la gare, en dépit des efforts faits par les carabiniers et les agents de police pour la retenir.

Enfin, à midi et cinquante minutes, le premier convoi de troupes françaises arriva à la gare. La musique de la garde nationale, convoquée pour la circonstance, salua leur arrivée par la marche royale. La foule fit entendre les cris de *Vive la France !* Les chasseurs répondirent immédiatement par leur fanfare et l'air bien connu de la *Casquette du père Bugeaud*, et les cris de *Vive la Savoie !*

Le convoi contenait le 19e bataillon de chasseurs à pied et un bataillon du 43e de ligne.

Vers quatre heures, un second convoi passa. Il contenait les deux autres bataillons du 43e de ligne ; le soir, vers sept heures, un troisième convoi se dirigeait vers le Mont-Cenis. Les jours suivants, c'étaient de nouveaux convois salués par le même enthousiasme. *Vive la France ! Vive l'Italie !* criait-on partout.

L'armée française suivait trois routes : le Mont-Cenis, le Mont-Genèvre et la mer. Par les deux premières voies, elle se rendait à Turin ; par l'autre, elle se rendait à Gênes.

Le 3 mai, l'Empereur Napoléon III publiait la proclamation suivante au peuple français :

« Français !

« L'Autriche, en faisant entrer son armée sur le territoire du roi de Sardaigne, notre allié, nous déclare la guerre. Elle viole ainsi les traités, la justice, et menace nos frontières. Toutes les grandes puissances ont protesté contre cette agression. Le Piémont ayant accepté les conditions qui devaient assurer la paix, on se demande quelle peut être la raison de cette invasion soudaine : c'est que l'Autriche a amené les choses à cette extrémité, qu'il faut qu'elle domine jusqu'aux Alpes, ou que l'Italie soit libre jusqu'à l'Adriatique ; car, dans ce pays, tout coin de terre demeuré indépendant est un danger pour son pouvoir.

« Jusqu'ici la modération a été la règle de ma conduite ; maintenant l'énergie devient mon premier devoir.

« Que la France s'arme et dise résolûment à l'Europe : « Je ne veux pas de conquête, mais je veux « maintenir sans faiblesse ma politique nationale et « traditionnelle ; j'observe les traités, à condition

« qu'on ne les violera pas contre moi; je respecte le « territoire et les droits des puissances neutres, « mais j'avoue hautement ma sympathie pour un « peuple dont l'histoire se confond avec la nôtre, et « qui gémit sous l'oppression étrangère. »

« La France a montré sa haine contre l'anarchie; elle a voulu me donner un pouvoir assez fort pour réduire à l'impuissance les fauteurs de désordre et les hommes incorrigibles de ces anciens partis qu'on voit sans cesser pactiser avec nos ennemis; mais elle n'a pas pour cela abdiqué son rôle civilisateur. Ses alliés naturels ont toujours été ceux qui veulent l'amélioration de l'humanité, et quand elle tire l'épée, ce n'est point pour dominer, mais pour affranchir.

« Le but de cette guerre est donc de rendre l'Italie à elle-même et non de la faire changer de maître, et nous aurons à nos frontières un peuple ami, qui nous devra son indépendance.

« Nous n'allons pas en Italie fomenter le désordre ni ébranler le pouvoir du saint-père, que nous avons replacé sur son trône, mais la soustraire à cette pression étrangère qui s'appesantit sur toute la Péninsule, contribuer à y fonder sur l'ordre des intérêts légitimes satisfaits.

« Nous allons enfin sur cette terre classique, illustrée par tant de victoires, retrouver les traces de nos pères; Dieu fasse que nous soyons dignes d'eux!

« Je vais bientôt me mettre à la tête de l'armée. Je laisse en France l'Impératrice et mon Fils. Secondée par l'expérience et les lumières du dernier frère de l'Empereur, elle saura se montrer à la hauteur de sa mission.

« Je les confie à la valeur de l'armée qui reste en France pour veiller sur nos frontières, comme pour protéger le foyer domestique; je les confie au patriotisme de la garde nationale; je les confie enfin au peuple tout entier, qui les entourera de cet amour et de ce dévoûment dont je reçois chaque jour tant de preuves.

« Courage donc, et union! Notre pays va encore montrer au monde qu'il n'a pas dégénéré. La Providence bénira nos efforts; car elle est sainte aux yeux de Dieu, la cause qui s'appuie sur la justice, l'humanité, l'amour de la patrie et de l'indépendance.

« NAPOLÉON.

« Palais des Tuileries, le 3 mai 1859. »

Le 10 mai, l'Empereur quittait Paris comme l'avait quitté l'armée envoyée au secours du Piémont, — c'est-à-dire au milieu de l'enthousiasme général.

Le surlendemain, il était à Gênes et faisait aussitôt afficher l'ordre du jour suivant à l'armée :

« Soldats!

« Je viens me mettre à votre tête pour vous conduire au combat. Nous allons seconder la lutte d'un peuple revendiquant son indépendance, et le soustraire à l'oppression étrangère. C'est une cause sainte, qui a les sympathies du monde civilisé.

« Je n'ai pas besoin de stimuler votre ardeur : chaque étape vous rappellera une victoire. Dans la voie sacrée de l'ancienne Rome, les inscriptions se dressaient sur le marbre pour rappeler au peuple ses hauts faits; de même aujourd'hui, en passant par Mondovi, Marengo, Lodi, Castiglione, Arcole, Rivoli, vous marcherez dans une autre voie sacrée, au milieu de ces glorieux souvenirs.

« Conservez cette discipline sévère qui est l'honneur de l'armée. Ici, ne l'oubliez pas, il n'y a d'ennemis que ceux qui se battent contre vous. Dans la bataille, demeurez compacts et n'abandonnez pas vos rangs pour courir en avant. Défiez-vous d'un trop grand élan; c'est la seule chose que je redoute.

« Les nouvelles armes de précision ne sont dangereuses que de loin; elles n'empêcheront pas la baïonnette d'être, comme autrefois, l'arme terrible de l'infanterie française.

« Soldats! faisons tous notre devoir, et mettons en Dieu notre confiance. La patrie attend beaucoup de vous. Déjà, d'un bout de la France à l'autre, retentissent ces paroles d'un heureux augure : La nouvelle armée d'Italie sera digne de sa sœur aînée!

« NAPOLÉON.

« Gênes, le 12 mai 1859. »

V

De Gênes, l'Empereur se rendait à Alexandrie, où il établissait son quartier-général. Victor-Emmanuel, qui avait eu d'abord le sien dans cette place, le transférait alors à San-Salvador, puis à Occimiano, entre Casale et Valenza.

De son côté, l'empereur d'Autriche arrivait à Pavie, accompagné du général Hess.

Les deux empereurs et les deux armées allaient bientôt se trouver en présence.

L'armée franco-italienne occupait Alexandrie, autour du quartier impérial; c'était son centre. Sa droite, composée des deux corps Mac-Mahon et Baraguay d'Hilliers, s'appuyait sur Gênes. Sa gauche, presque exclusivement composée de Piémontais, bordait la rive droite du Pô, depuis Valenza jusqu'à la Dora Baltea.

La ligne gauche du Pô et la ligne de la Sésia étaient occupées par l'armée autrichienne. Douze mille hommes d'infanterie travaillaient à assurer et à munir le pont de la Stella, faisant des réquisitions d'hommes et de vivres dans les communes voisines. Nos avant-postes occupaient toute la plaine de la rive droite. Les avant-postes ennemis étaient placés à Quinto, du côté de Verceil.

La lutte était imminente, comme on voit.

A la date du 18 mai, nous trouvons l'ordre du jour suivant, signé du général Regnaud de Saint-Jean-d'Angely, commandant en chef la garde impériale :

« Soldats de la garde!

« La guerre vient d'éclater entre la France et l'Autriche; dans peu de jours l'Empereur viendra se mettre à notre tête et nous ramènera dans ces plaines où les noms d'Arcole, de Lodi, de Marengo, vous rappelleront la gloire de vos pères ; vous vous montrerez dignes d'eux, dignes du nom glorieux que vous portez.

« Vous donnerez à l'armée l'exemple de l'intrépidité dans le danger, de l'ordre et de la discipline dans les marches, du calme et de la modération dans le pays que vous allez parcourir. Le souvenir de vos familles vous inspirera de la bienveillance pour les habitants, le respect pour la propriété, et, soyez-en certains, la victoire vous attend; vous la saluerez au cri de Vive l'Empereur!

« Le général commandant en chef la garde impériale,

« S. REGNAUD DE SAINT-JEAN-D'ANGÉLY. »

L'organisation de l'armée se poursuivait avec activité. Les généraux prenaient leurs positions. Les troupes se dirigeaient de toutes parts vers les points qui leur étaient assignés. Tout se préparait, en un mot, pour frapper un grand coup.

Le grand coup fut frappé. La première étape de cette glorieuse campagne d'Italie devait s'appeler Montebello, — un nom célèbre par une première victoire, celle du 9 juin 1800, remportée par le premier consul sur les Autrichiens, cinq jours avant Marengo.

La cavalerie piémontaise, commandée par le général de Sonnaz, formant un des avant-postes de l'armée alliée, campait à Casteggio. Quinze mille Autrichiens, faisant partie du corps Stadion, se jetèrent inopinément sur cet avant-poste, qui montra une énergie peu commune.

Il était onze heures du matin.

La division Forey vint au secours des grand'gardes de la cavalerie piémontaise, et repoussa l'ennemi de Casteggio d'abord, puis du village de Montebello où il s'était réfugié.

Mais il faut lire le récit de ce combat et de ses principales phases dans le rapport adressé par le général Forey au maréchal Baraguay-d'Hilliers, et transmis par celui-ci à l'Empereur. Rien ne vaut, comme éloquence, ces bulletins écrits sur l'affût d'un canon ou sur la peau d'un tambour, au bruit des clairons qui sonnent la charge, au milieu d'une atmosphère de salpêtre; ils ont l'âpre concision d'un coup de fusil. Il n'y a rien à dire quand ils ont dit.

Averti à midi et demi qu'une forte colonne autrichienne, avec du canon, avait occupé Casteggio et avait repoussé de Montebello les grand'gardes de cavalerie piémontaise, le général Forey mande qu'il se porta immédiatement aux avant-postes, sur la route de Montebello, avec deux bataillons du 74ᵉ, destinés à relever deux bataillons du 84ᵉ cantonnés sur cette route, en avant de Voghera, à hauteur de la Madura.

Pendant ce temps, le reste de la division prenait les armes ; une batterie d'artillerie (6ᵉ du 8ᵉ régiment) marchait en tête.

Arrivé au pont jeté sur le ruisseau dit Fossagazzo, extrême limite de nos avant-postes, il fit mettre en batterie une section d'artillerie, appuyée à droite et à gauche par deux bataillons du 84ᵉ, bordant le ruisseau avec leurs tirailleurs.

Pendant ce temps, l'ennemi avait poussé de Montebello sur Ginestrello, et ayant été informé qu'il se dirigeait sur lui en deux colonnes, l'une par la grande route, l'autre par la chaussée du chemin de fer, le général Forey ordonna au bataillon de gauche du 74ᵉ de couvrir la chaussée à Cascina Nuova, et à l'autre bataillon de se porter à droite de la route, en arrière du 84ᵉ.

Ce mouvement était à peine terminé qu'une vive fusillade s'engageait sur toute la ligne entre nos tirailleurs et ceux de l'ennemi qui marchait sur nous, soutenant ses tirailleurs par des têtes de colonne débouchant de Ginestrello. L'artillerie ouvrit son feu sur elle avec succès ; l'ennemi y riposta.

Le général ordonna alors à sa droite de se porter en avant. L'ennemi se retira devant l'élan de nos troupes ; mais, s'apercevant qu'il n'y avait qu'un bataillon français à la gauche de la route, il dirigea contre lui une forte colonne. Grâce à la vigueur et à la fermeté de ce bataillon, commandé par le colonel Cambriels, et à des charges heureuses de la cavalerie piémontaise, admirablement conduite par le général de Sonnaz, les Autrichiens durent se retirer. C'est dans une de ces charges qu'a malheureusement été blessé à mort le brave colonel Marelli, des chevau-légers de Monferrat.

A ce moment, le général Blanchard, suivi du 98ᵉ et d'un bataillon du 91ᵉ (les deux autres étaient restés à Oriolo, où ils ont eu un engagement), rejoignait le général Forey et recevait l'ordre d'aller relever le bataillon du 74ᵉ, chargé de défendre la chaussée du chemin de fer et de s'établir fortement à Cascina Nuova.

Rassuré de ce côté, le général poussa de nouveau sa droite en avant, et s'empara, non sans une résistance sérieuse, de la position de Ginestrello. Jugeant alors qu'en suivant avec le gros de l'infanterie la ligne des crêtes, et la route avec son artillerie protégée par la cavalerie piémontaise, il s'emparerait plus facilement de Montebello, il organisa ainsi ses colonnes d'attaque sous les ordres du général Beuret :

Le 17ᵉ bataillon de chasseurs, soutenu par le 84ᵉ et le 74ᵉ disposés en échelons, s'élancèrent sur la partie sud de Montebello, où l'ennemi s'était fortifié.

Il s'engagea alors un combat corps à corps dans les rues du village, qu'il fallut enlever maison par maison. C'est pendant ce combat que le général Beuret fut blessé mortellement, aux côtés du général Forey.

Après une résistance opiniâtre, les Autrichiens durent céder devant l'élan de nos troupes, et bien que vigoureusement retranchés dans le cimetière, ils se virent encore arracher à la baïonnette cette dernière position, aux cris mille fois répétés de Vive l'Empereur!

Il était alors six heures et demie; le général jugea qu'il était prudent de ne pas pousser plus loin le succès de la journée, et il arrêta ses troupes derrière le mouvement de terrain sur lequel est situé le cimetière, garnissant la crête avec quatre pièces de canon et de nombreux tirailleurs qui refoulèrent les dernières colonnes autrichiennes dans Casteggio.

Peu de temps après, on vit les colonnes autrichiennes évacuer Casteggio, en y laissant une arrière-garde, et se retirer par la route de Casatismo.

Les pertes de cette journée furent de six cents à sept cents hommes tués ou blessés, — parmi lesquels, le colonel de Bellefonds, le commandant Ducher et le général Beuret, tués, et les colonels Guyot-de-Lespart et Conseil-Dumesnil, les commandants Lacretelle et Bérussac, blessés.

Quant à l'ennemi, ses pertes furent plus considérables, à en juger par le nombre des morts trouvés, surtout dans le village de Montebello.

VI

Voilà le combat de Montebello du 20 mai 1859. Il vaut bien son aîné du 9 juin 1800, à ce qu'il nous semble.

Dans son rapport au maréchal Baraguay d'Hilliers, le général Forey signalait l'entrain et le courage montrés par nos troupes dans cette glorieuse journée.

Le général Forey oubliait quelqu'un : c'était le général Forey, — qui avait donné l'exemple du courage aux troupes qu'il commandait! Ce qu'il oubliait de mentionner, c'étaient les prodiges de valeurs accomplis par lui! Pendant une partie de l'action, monté sur un mamelon qui dominait le champ de bataille, désigné à tous les coups, — et les carabines autrichiennes tirent aussi loin et aussi juste que les nôtres! — il n'avait pas songé un seul instant au danger sérieux qu'il courait, et il était resté à son poste sans autre souci que celui du succès de nos armes.

Il ne fallait pas plus s'oublier qu'il n'oubliait les jeunes soldats qu'il avait conduits au feu. C'était justice pour lui comme pour eux, — conscrits que le baptême de feu avait faits vétérans, jeune garde qui avait imité la vieille garde!

Car on ferait un volume avec les traits de courage, de sang-froid, d'héroïsme qui signalèrent çà et là ce combat de Montebello du 20 mai 1859, comme d'autres traits héroïques avaient signalé le premier combat du 9 juin 1800.

Un voltigeur était tombé, frappé mortellement de trois balles, l'une à la cheville, l'autre à la hanche et la troisième au genou. Transporté à l'ambulance, on essayait de le consoler.

— Les blessures, dit-il, certainement on s'en passerait; mais, ce qui m'enrage, c'est de n'avoir pas pu seulement décharger mon fusil. Au premier feu, crac! j'ai attrapé tout ça. Est-ce bête!...

A quelques pas de ce voltigeur, à la même ambulance, un grenadier pleurait sombre et désolé.

— Pourquoi pleurez-vous ainsi, vous, un homme, un soldat? lui demanda-t-on.

— C'est que *mon pays* est mort!... répondit-il.

Il songeait à son camarade tombé sur le champ de bataille et il ne s'occupait pas des quatre blessures graves qu'il avait reçues, lui, pendant l'action!

Un jeune conscrit, qui s'était battu comme un ancien, et qui avait reçu plusieurs blessures dont il ne devait pas revenir, reçut des mains du baron Larrey la croix de la Légion d'honneur que lui envoyait l'Empereur.

Tout troublé et tout joyeux de ce ruban rouge qu'il avait si bien gagné, le vaillant jeune homme répondit au baron Larrey :

— Je vous remercie, monsieur... ainsi que l'Empereur... Dites-lui bien le bonjour de ma part...

La commission fut faite.

Le commencement du combat de Montebello avait été une surprise, — l'attaque d'un avant-poste de cavalerie piémontaise à Casteggio.

Pour éviter le retour de ces surprises, l'Empereur fit mettre à l'ordre général de l'armée les prescriptions suivantes :

ORDRE GÉNÉRAL DE L'ARMÉE.

Les prescriptions suivantes ont été arrêtées par l'Empereur :

« Tous les jours, une demi-heure avant le lever du soleil, les troupes prennent les armes comme si elles devaient être attaquées, et, dès que le jour est venu et qu'on est certain que l'ennemi ne fait pas de mouvement offensif, les troupes reprennent leurs bivouacs.

« Les commandants des corps d'armée veillent avec la plus sévère attention à ce que les officiers n'emportent aucun bagage inutile.

« Il est défendu à qui que ce soit d'avoir une

grande tenue. Les officiers trouveront toujours un abri dans les maisons près de leurs troupes. Si les troupes devaient camper plusieurs jours loin de toute habitation, des tentes seraient fournies par le grand quartier-général.

« Chaque officier doit porter lui-même son manteau en bandoulière et une trousse dans laquelle il puisse mettre un jour de vivres.

« L'Empereur a décidé que, pendant la durée des opérations, les troupes d'infanterie n'emporteraient avec elles que le képi, la capote, la veste et un bon pantalon, deux paires de souliers, dont une dans le sac, et la tente-abri. Le surplus d'habillements que possèdent les hommes a été mis en ballots et dirigé sur les petits dépôts des corps qui sont en voie de se constituer à Gênes.

« Il en est de même de la demi-couverture, excepté pour les zouaves et les tirailleurs algériens, qui la conservent, ainsi que le collet à capuchon.

« Le chapeau est supprimé et remplacé par le képi, pour toute la campagne, même pour les officiers-généraux.

« Les prescriptions de cet ordre relatives à la tenue des troupes d'infanterie ne sont point applicables à la garde impériale, en ce qui concerne le shako et le bonnet à poil. Les demi-couvertures sont conservées jusqu'à nouvel ordre, vu le mauvais temps. »

VII

Le même jour, — c'est-à-dire le 20 mai, — le général Cialdini voulant s'emparer de la tête gauche du pont de Verceil, rompu par les Autrichiens, et protéger la construction d'un autre pont sur la Sesia, mettait en mouvement deux colonnes de ses volontaires qui, passant la rivière, se réunissaient au delà.

L'une de ces colonnes fut alors assaillie, à Villata, par un grand nombre d'Autrichiens, et un combat très vif s'engagea.

Les ennemis furent bientôt en pleine déroute, et la colonne de volontaires s'établit à Borgo-Vercelli, pendant que la seconde colonne s'établissait à peu de distance de là, à Torrione, après avoir surpris deux compagnies d'Autrichiens.

N'est-ce pas dans ces mêmes plaines que les Cimbres avaient été taillés en pièces par Marius ?

Les événements, on le voit, se pressaient : la campagne s'ouvrait glorieusement.

Les Français d'un côté, les Piémontais de l'autre. Restait l'action du général Garibaldi.

Le 22 mai, cet intrépide soldat de l'indépendance italienne se mettait en marche à la tête de ses six mille chasseurs des Alpes.

Le 23, après avoir dérobé ses mouvements aux espions autrichiens, il arrivait à Romagnano, venant de Camandona.

C'était une avalanche armée, une trombe humaine, — c'était la foudre !

De Romagnano, il se dirigeait rapidement vers Borgosesia.

De Borgosesia, il se dirigea vers le lac Majeur, pendant la nuit, après avoir fait ostensiblement tous les apprêts d'une expédition à Arona.

Le 24 mai, au point du jour, il franchit le Tessin, entre Soma et Sesto-Calende, après avoir fait prisonnière la garnison de cette dernière ville.

Une fois sur le territoire lombard, Garibaldi n'a plus à s'arrêter. Il n'en a ni le temps — ni l'envie. Les victoires qu'il doit remporter sont des victoires de surprise. Il ne recherche pas les batailles rangées ; il ne les fuirait pas si elles se présentaient ; mais il ne les recherche pas : ce n'est pas son affaire. Il aime l'imprévu, la soudaineté, la fantaisie. Il ne tient pas au renom d'habile, — mais à celui de hardi. Il ne s'inquiète pas du nombre de ses ennemis ; il sait seulement que ce sont des Autrichiens ; cela lui suffit : il fond sur eux. Il les étonne, il les harcèle, il les déconcerte, il les déroute, il leur fait peur !

Voici la proclamation qu'il adressa aux populations lombardes :

« Lombards !

« Vous êtes appelés à une nouvelle vie, et vous devez répondre à l'appel, comme le firent vos pères à Ponsida et à Legnano. L'ennemi est encore le même : atroce, assassin, impitoyable et pillard. Vos frères de toutes les provinces ont juré de vaincre ou de mourir avec vous. C'est à nous de venger les insultes, les outrages, la servitude de vingt générations passées ; c'est à nous de laisser à nos fils un patrimoine pur de la souillure de la domination du soldat étranger. Victor-Emmanuel, que la volonté nationale a choisi pour notre chef suprême, m'envoie au milieu de vous pour vous organiser des batailles patriotiques. Je suis touché de la sainte mission qui m'est confiée et fier de vous commander.

« Aux armes ! le servage doit cesser. Qui peut saisir une arme et ne la saisit pas est un traître !

« L'Italie, avec ses enfants unis et affranchis de la domination étrangère, saura reconquérir le rang que la Providence lui a assigné parmi les nations ! »

« G. GARIBALDI. »

De Sesto-Calende, Garibaldi se dirigea sur Varèse, directement, en quelques heures. Quarante ou cinquante kilomètres ! Ces diables de patriotes ont des bottes de sept lieues.

Les Autrichiens sont à deux pas. En avant !

On ne raconte pas cette marche triomphale de

Garibaldi et de ses volontaires à travers bourgs et villages, à travers bois et à travers plaines. Il faut essayer de se l'imaginer.

Partout, sur son passage, les paysans poussaient des hurrahs frénétiques.

« *Vive l'Italie !* » criait Garibaldi.

« *Vive Garibaldi !* » criaient les populations au milieu desquelles il passait, l'épée nue, flamboyante, vengeresse, sur son cheval fumant, comme un personnage légendaire.

L'Italie se réveillait enfin. Le sang lui revenait au cœur, avec l'espoir, avec la foi, avec l'enthousiasme. Cet homme, ce héros pâle, aux yeux ardents, au front superbe, recouvert du rouge capettino dalmate, au costume pittoresque emprunté aux mœurs d'autrefois, — c'est l'Italie, c'est la Liberté !

Vive Garibaldi ! Vive l'Italie !

Les hommes s'armaient, les femmes pleuraient, les enfants eux-mêmes voulaient suivre ce preux, ce mâle apôtre de l'indépendance italienne.

Et quand il avait disparu, avec sa petite armée composée d'aventuriers comme lui, — c'est-à-dire de dévoués patriotes, jeunes gens pour la plupart, nobles et roturiers, riches et pauvres, — quand il avait disparu, les villages arboraient le drapeau aux trois couleurs, le drapeau italien, vert, rouge et blanc !...

Luino, Maccagno, Olgiate, Gavirate, — tout le pays compris entre le lac Majeur et le lac de Côme, — se levèrent avec enthousiasme en apprenant que Garibaldi venait d'arriver à Varèse. Le tocsin retentit partout, comme un cri de résurrection, et l'effervescence populaire devint si menaçante, que les douaniers autrichiens ne purent s'échapper qu'à grand'peine, en se réfugiant en costume civil sur le territoire suisse.

Varèse est une petite ville de huit mille âmes, sur la route de Milan au lac Majeur, au point de jonction de cette route et de celle de Côme. C'était, par conséquent, un endroit stratégique important.

L'insurrection y avait précédé Garibaldi. Le podestat Carcano avait soulevé la commune et fait arborer le drapeau national.

Garibaldi arriva. Il désigna un commissaire extraordinaire au nom de Victor-Emmanuel, M. Emilio Visconti Venosta, et procéda avec lui à la formation de deux nouveaux bataillons de volontaires.

Les Autrichiens s'émurent. Un corps du feld-maréchal Urban s'avança sur Varèse, — trente mille Autrichiens environ.

La ville se barricada à la hâte et soutint le choc dans un combat acharné. Les habitants et une partie des chasseurs des Alpes firent vaillamment leur devoir.

Pendant ce temps, Garibaldi, sorti de Varèse sans dire où il allait, s'était posté en embuscade, à droite et à gauche, avec le reste de ses volontaires. Au moment où les Autrichiens s'y attendaient le moins, il fondit sur eux, les prit en flanc, les mit en désordre et leur fit des prisonniers.

Les Autrichiens battirent en retraite sur Côme, — où Garibaldi les poursuivit, l'épée dans les reins.

VIII

Le lendemain, à dix heures du soir, Garibaldi entrait à Côme, après avoir battu les Autrichiens sur son chemin, à Borgo-Vico.

La ville était illuminée, — non par ordre, mais par enthousiasme. Les Autrichiens qui l'avaient envahie n'avaient pas cru devoir attendre les chasseurs des Alpes, et ils s'étaient réfugiés à Camerlata, sur une petite éminence qui domine Côme et d'où ils comptaient bien la bombarder.

Mais ils avaient compté sans leur hôte, — ou plutôt sans l'hôte de la ville de Côme.

Ils avaient établi une batterie sur le monticule de Camerlata. Garibaldi répondit à leur politesse par une autre, à leur batterie par une autre batterie qu'il établit sur la colline de San-Fermo.

Les Autrichiens furent obligés encore une fois de faire retraite vers Monza.

Côme était la seconde ville dont Garibaldi prenait possession au nom du roi Victor-Emmanuel.

Voici deux pièces qui constatent cette prise de possession relativement à Varèse. Quant à Côme, les documents sont les mêmes, l'adhésion étant la même.

« En vertu des pouvoirs à lui conférés par décret d'aujourd'hui du général Giuseppe Garibaldi, commandant les chasseurs des Alpes, le soussigné fait savoir ce qui suit :

« 1° Le gouvernement autrichien est déclaré déchu ; il est remplacé par celui du magnanime roi Victor-Emmanuel de Sardaigne, au nom duquel les autorités gouverneront désormais, conformément aux instructions qui leur seront données ;

« 2° Les mesures d'ordre public et pour la défense du pays sont concentrées dans les mains du soussigné, et confiées, pour l'exécution, au patriotisme de la population et de la garde nationale qui va être organisée.

« Que les habitants aient pleine confiance et qu'ils comptent sur le soussigné, qui tâchera de répondre dignement aux bonnes intentions du magnanime roi qu'il représente et de son général, qui lui a conféré ces pouvoirs extraordinaires, pour le bien du pays et de l'Italie, dans les graves circonstances actuelles. La résidence du commissaire royal sarde sera dans le local de l'ancien commissariat du district.

« Varèse, le 24 mai 1859.

« *Le maire, commissaire royal sarde extraordinaire,*

« CARCANO. »

Voici maintenant la proclamation du comte Emile Visconti Venosta, commissaire extraordinaire de Victor-Emmanuel :

« Citoyens !

« A peine le roi Victor-Emmanuel, premier soldat de l'indépendance nationale, a-t-il annoncé à l'Italie qu'il avait repris l'épée, que les populations lombardes, le regard tourné vers le Tessin, ont demandé le signal de l'insurrection. Des motifs d'humanité et de prudence, et les nécessités générales de la guerre, nous ont engagés à vous conseiller un délai que vous avez accepté, parce qu'à présent tout est discipline en Italie, le calme comme l'action. Mais aujourd'hui, plus de retards ! Le brave général Garibaldi est venu nous l'annoncer, et sur-le-champ devant lui les populations se soulèvent, se prononçant pour la cause nationale et pour le gouvernement du roi Victor-Emmanuel.

« Commissaire de Sa Majesté Sarde, je viens prendre le gouvernement civil de ce mouvement spontané. Citoyens, l'insurrection lombarde sera animée de ce nouvel et admirable esprit italien qui, avec le secret de la concorde, nous fait retrouver le secret de la fortune. Aucun désordre ne viendra troubler le sublime spectacle de la liberté ; aucune impétuosité aveugle ne viendra désordonner l'organisme civil du pays ; aucun esprit d'imprévoyante réaction ne voudra considérer comme le triomphe d'un parti celui qui est le triomphe d'une société tout entière.

« Les guerres de l'indépendance ne doivent leur succès qu'à de grands efforts. Vous avez devant vous l'exemple du généreux Piémont qui, depuis onze ans, supporte les plus grands sacrifices, soutenu par cette haute espérance, devenue désormais une réalité. Notre œuvre est assurée. La brave armée piémontaise, sous les ordres du roi, vient à notre secours. L'Italie s'organise pour soutenir la guerre de l'indépendance. Napoléon III a jeté dans la balance des destinées l'épée de la France, notre sœur, l'alliée naturelle des causes généreuses. Toute l'Italie nous demande la formation d'un Etat fort, rempart de la nation, acheminement à ses nouvelles destinées. Les vœux incessants du pays vont être exaucés ; vous pouvez vous soulever dans la certitude de cette union désirée, criant : Vive Victor-Emmanuel, roi constitutionnel !... »

IX

Avant d'aller plus loin dans cette narration rapide des événements qui composent la campagne d'Italie, il nous paraît utile de donner un examen, rapide aussi, des provinces où se sont passés ces événements.

Cet examen, nous l'empruntons au journal le *Siècle*, qui, après avoir examiné les conditions stratégiques des localités, aborde ainsi la revue des provinces où ont évolué les armées ennemies :

On sait que le royaume lombard-vénitien est séparé du reste de l'Italie par deux cours d'eau, le Tessin et le Pô, qui forment comme un vaste fossé en demi-cercle depuis le lac Majeur jusqu'aux lagunes de Comacchio. Ce retranchement naturel est la première ligne qui protège l'Autriche en Italie, et ce n'est pas un obstacle insignifiant, le passage de cours d'eau tels que le Tessin et le Pô en présence d'une armée ennemie étant une des opérations les plus délicates de la guerre.

L'Adda est une défense médiocre, car on peut facilement en forcer le centre vers Cassano : viennent ensuite l'Oglio, la Mella, la Chiese, rivières sans grande importance stratégique. Leur passage une fois effectué par l'armée franco-italienne, les Autrichiens ne trouveraient plus à se couvrir que derrière le Mincio. Toutefois, avant de se retirer sur la rive gauche de cette rivière, ils peuvent, maîtres de la ligne de hauteurs qui dominent la plaine entre le Mincio et la Chiese, de Castiglione à Volta, livrer une bataille défensive dans de bonnes conditions.

Ce n'est que sur le Mincio que commence la résistance tout à fait sérieuse de l'Autriche. De tout temps, l'obstacle le plus grand à son expulsion de l'Italie a été dans cette seconde frontière d'un développement peu étendu et de défense facile que lui forment le Tyrol, le lac de Garde, le Mincio et le bas Pô en première ligne ; l'Adige, la Molinella et les marécages de la Polésine en seconde ligne, avec les places fortes de la Rocca d'Anfo, Trente, Roverodo, Peschiera, Vérone, Mantoue, Legagno, Ferrare et Comacchio.

La Rocca d'Anfo defend l'entrée du Tyrol; Trente et Roveredo sont destinés à protéger la route qui, de ce pays, fait communiquer Vienne et Vérone; Ferrare et Comacchio protégent le cours du bas Pô. Mais la clef de toute cette ligne, c'est le fameux quadrilatère formé par les places de Peschiera, Vérone, Mantoue et Legnago, espace de vingt-quatre lieues carrées environ, renfermé entre le lac de Garde, le Mincio, le Pô et l'Adige, et qui constitue une des meilleures positions stratégiques qui existent. C'est là qu'est la domination militaire de l'Italie du Nord. Aussi les plus importantes batailles de 1796, de 1799, de 1800 et de 1848, se sont elles livrées sur cet étroit théâtre, et les noms de Goïto, Volta, Valeggio, Borghetto, Monzambano, Ponti, Bussolengo, Rivoli, Vérone, Mantoue, etc., etc., reviennent-ils forcément à chaque page dans les relations de ces mémorables campagnes.

L'occupation du Tyrol, au moins jusqu'aux sources de l'Adige, est indispensable à une armée qui veut forcer cette formidable ligne de défense. Si l'histoire de toutes les guerres antérieures ne suffisait pas pour donner à cet égard une certitude complète, trois raisons capitales démontreraient la nécessité de cette opération, c'est-à-dire de l'occupation du Tyrol italien.

La première, c'est que l'ennemi restant en possession de ce pays qui communique avec le cœur de la monarchie autrichienne, peut, par les trois routes qui mènent du haut Adige en Lombardie, faire déboucher à volonté une armée sur Brescia, sur Bergame, ou même sur Milan, enveloppant ainsi les alliés postés sur le Mincio, délivrant les garnisons bloquées de Pavie, de Plaisance et de Pizzighettone, et coupant toutes nos communications.

Le second motif qui commande de s'emparer du Tyrol, c'est qu'en agissant ainsi on intercepte une des deux routes par lesquelles les renforts du centre de l'empire peuvent arriver à Vérone.

La troisième raison, enfin, c'est que l'occupation du Tyrol est indispensable à l'armée d'invasion pour qu'elle puisse entreprendre dans de bonnes conditions le passage du Mincio et de l'Adige et l'investissement des places du quadrilatère.

Parmi celles-ci, Vérone a une importance capitale : elle a complétement déshérité Mantoue, autrefois le point stratégique le plus considérable de l'Italie du Nord. Vérone est non-seulement une place forte, mais un vaste camp retranché où l'armée autrichienne, refoulée sur l'Adige, trouve toutes ses ressources concentrées, des communications assurées avec Vienne et l'Allemagne, et d'excellentes positions pour se maintenir.

Toutes les probabilités s'accordent donc pour qu'une grande bataille soit livrée sous les murs de Vérone. Déjà, en 1796, 1799 et 1800, où cette place était loin d'avoir l'importance militaire qu'elle a acquise de nos jours, l'attaque des positions qui l'environnent fut le préliminaire ou la suite de toute tentative pour dépasser l'Adige. Il en a été de même en 1848. Les Piémontais livrèrent deux batailles autour de Vérone : l'une au nord, à Pastrengo ; l'autre à Santa-Lucia.

L'investissement des places du quadrilatère serait la conséquence du passage de l'Adige. On aurait facilement raison des garnisons habituellement peu nombreuses de Peschiera et de Legnano. Mantoue renfermerait sans doute un plus grand nombre de défenseurs, mais grâce à la situation particulière de cette place, isolée au milieu d'un lac et des marais, il serait facile de la cerner complétement avec un corps de blocus bien inférieur à la garnison : il suffirait pour cela d'occuper les têtes des cinq chaussées par lesquelles seules Mantoue communique avec la terre ferme. En 1796, Serrurier, avec huit mille Français, y bloquait Wurmser, à la tête de vingt mille soldats.

Le siége de Vérone exigerait plus de monde et plus de temps ; mais, au dire des hommes expérimentés, cette place, avec les moyens d'attaque dont nos armées actuelles disposent, ne ferait pas une aussi longue résistance qu'on le croit généralement en Autriche. Une armée d'observation serait nécessaire pour protéger cette importante opération, et le pays entre l'Adige et la Brenta lui offrirait des positions excellentes. Le gouvernement autrichien tenterait certainement alors de secourir le dernier boulevard de sa domination au delà des Alpes ; mais, maîtresse du Tyrol, à cheval sur la Carinthie, assurée de ses communications par la prise rapide ou le blocus des places intermédiaires, l'armée franco-italienne pourrait braver tous les retours offensifs de l'ennemi. Une dernière bataille livrée sur la Piave ou le Tagliamento affranchirait pour jamais l'Italie de la domination étrangère, car elle aurait pour effet de livrer Vérone et d'isoler Venise.

Nous n'avons pas parlé, dans cet exposé, de la position militaire que l'Autriche occupe dans les Légations, car nous ne faisons pas de doute qu'on ne la laissera pas tranquille maîtresse d'Ancône, de Bologne et de Ferrare. La présence d'un corps d'armée devant cette dernière ville, au moment de l'arrivée des Franco-Italiens sur le Mincio peut produire, à l'extrémité inférieure de la ligne de défense de l'ennemi, le même effet que l'occupation du Tyrol produirait à son extrémité supérieure. Ajoutons enfin que, par nos flottes, nous avons d'immenses facilités pour attaquer ou pour tourner les plus précieuses positions de l'Autriche en Italie.

En examinant la carte du point de vue où nous nous sommes placé, on comprendra combien sont exagérées les appréhensions de ceux qui propagent cette opinion que l'Autriche a dans le nord de l'Italie une position inexpugnable. Nous avons tenu à éclairer l'opinion publique sur ce point important. Sans doute, la campagne offre des difficultés sérieuses, et les armées alliées ne vaincront pas sans gloire, car elles ne combattront pas sans péril. Mais leurs ressources sont supérieures à celles de l'Autriche, et puis tout dépend du mobile auquel on obéit. Si brave, si discipliné que puisse être le soldat autrichien, il obéit en somme à la schlague ; le soldat français et le soldat italien obéissent aux sentiments de l'honneur et du patriotisme. Ne doutons donc pas de leurs succès.

X

Avant d'aller plus loin, aussi, dans le récit des glorieux faits d'armes accomplis par l'armée franco-sarde, il ne sera pas sans intérêt de signaler les mouvements révolutionnaires qui s'opéraient çà et là dans toute l'Italie, — dans l'Italie du nord principalement.

Depuis le début de la campagne, la Toscane éprouvait le désir de s'allier au Piémont dans la guerre qu'il avait entreprise en l'honneur de l'indépendance italienne. Livres, brochures, manifestes, lettres particulières, tout prouvait cet ardent désir, tout disait ce vœu de régénération.

La jeunesse toscane, plus impatiente que la bourgeoisie, ne se contentait pas de ces protestations publiques et particulières, écrites et imprimées. Elle voulait hâter les événements qu'on souhaitait, et, pour cela, elle partait chaque jour sans bruit, pour s'enrôler sous le drapeau sarde, devenu alors pour tout bon Italien, le seul drapeau vraiment national; enfin les personnes les plus considérables tentaient sans cesse auprès du grand-duc et de ses ministres des démarches ayant pour but d'amener le gouvernement à prendre une résolution conforme à ces désirs.

Malheureusement, il y avait peu d'espoir d'arriver par les voies ordinaires à ce résultat; les ardentes sympathies de Léopold pour l'Autriche n'étaient un mystère pour personne, et s'étaient traduites maintes fois par des mesures non équivoques, celle entre autres de l'incorporation de la troupe à l'armée autrichienne; il était donc peu probable qu'à moins d'y être contraint par les circonstances, il recherchât l'alliance du Piémont au moment où la guerre menaçait d'éclater entre celui-ci et la maison de Hapsbourg.

Déjà fortement tendue le 26 avril, la situation paraissait devenir plus grave encore le jour suivant, parce qu'on savait que, ce jour, expirait le terme fatal donné au Piémont par l'ultimatum autrichien.

Dès le matin du 27, en effet, une foule de personnes de toutes classes se rassembla sur la place de Borbano, la plus vaste de Florence, portant des drapeaux tricolores, et criant : « *Vive la guerre! Vive Victor-Emmanuel! Vive l'indépendance!* » En même temps les deux forteresses de Saint-Georges et de Saint-Jean arboraient le drapeau tricolore que le peuple saluait des plus vives acclamations.

Dans cet état de choses, le grand-duc fit appeler don Neri Corsini, marquis de Lajatico, pour s'éclairer de ses conseils, et le charger au besoin de former un ministère; mais le marquis lui représenta respectueusement les besoins du pays et n'hésita pas à lui déclarer que son abdication était devenue indispensable.

Le prince alors convoqua le corps diplomatique, exposa le sacrifice qu'on voulait exiger de lui, sacrifice auquel il ne saurait consentir; il termina en priant les ambassadeurs de vouloir bien pourvoir à sa sûreté et à celle de sa famille, afin qu'il pût, avec elle, quitter le sol de la Toscane.

L'engagement en fut pris par le corps diplomatique tout entier.

Ces événements avaient transpiré au dehors et la révolution s'organisait; la multitude, accompagnée de soldats de toutes armes et des élèves des écoles militaires, continuait à parcourir la ville avec des drapeaux tricolores.

Autour du palais tout était assez calme; mais du côté des ambassades française et sarde l'enthousiasme et l'agitation étaient à leur comble. Les deux ambassadeurs haranguaient la foule, chacun de leur côté, l'exhortant à la modération et à la sagesse, et la foule répondait par les cris cent fois répétés de : *Vive la France! Vive Napoléon III! Vive Victor-Emmanuel!*

Cependant le grand-duc était toujours indécis; toutes les personnes qui l'approchaient, les dignitaires de la cour, les membres même de sa famille, lui conseillaient, le suppliaient d'abdiquer; à tous les conseils, à toutes les prières, il répondait que l'abdication qu'on lui demandait était un acte déshonorant.

— Je ne me suis jamais, disait-il, abaissé au déshonneur, et je suis décidé à quitter la Toscane avec ma famille, ne voulant pas céder à la violence du peuple.

Il quitta en effet Florence, et se rendit à Bologne, accompagné du corps diplomatique et des personnages les plus influents de la province. La foule, avertie de ce départ, le laissa s'effectuer tranquillement. Le monarque fugitif put ainsi gagner la frontière sans être inquiété.

La révolution était faite. L'armée de l'indépendance avait un allié de plus, — un allié rempli de patriotisme et d'ardeur, qui, à un moment donné, pouvait créer une puissante diversion et susciter des embarras sérieux à l'Autriche.

Cependant, le départ un peu hâté du grand-duc Léopold laissait la Toscane sans gouvernement : il fallait aviser.

Le conseil municipal, se faisant en ceci l'interprète du vœu général, se réunit immédiatement et nomma d'urgence un gouvernement provisoire, dont les membres, MM. le chevalier Ubaldino Peruzzi, les majors Vincent Maleschini et Alessandro Danzini, étaient installés le soir même, une heure et demie à peine après le départ du grand-duc, et publiaient la proclamation suivante :

« Toscans, le grand-duc et son gouvernement, au lieu de satisfaire aux justes désirs manifestés de tant de manières et depuis si longtemps par le pays, l'ont abandonné à lui-même. Dans cette situation fâcheuse, le conseil municipal de Florence, seul vestige subsistant de l'autorité, s'est réuni extraordinairement, en vue de pourvoir à la nécessité impérieuse qu'il y a de ne pas laisser la Toscane sans gouvernement, et nous a chargés de l'administrer provisoirement.

« Toscans, nous avons accepté ce grave fardeau seulement pendant le temps nécessaire pour que Sa Majesté le roi Victor-Emmanuel puisse pourvoir promptement, et durant la guerre, à gouverner la Toscane de manière à concourir efficacement à la délivrance du pays. Nous nous confions à l'amour de la patrie italienne qui anime notre pays, et par lequel l'ordre et la tranquilité seront conservés. Ce n'est qu'avec l'ordre et la discipline qu'on parvient à régénérer les nations et à être vainqueur dans les batailles. »

Le roi de Sardaigne envoya en Toscane, comme gouverneur militaire, le prince Jérôme Napoléon, son gendre, commandant en chef le 5ᵉ corps de l'armée d'Italie.

Voici la proclamation par laquelle il annonçait ce choix :

« Soldats toscans,

« Au premier bruit de la guerre nationale, vous avez cherché un capitaine qui vous menât au combat contre les ennemis de l'Italie. J'ai accepté ce commandement, parce que c'est mon devoir de donner l'ordre et la discipline à toutes les forces de la nation. Vous n'êtes plus les soldats d'une province italienne, vous faites partie de l'armée d'Italie. Vous estimant dignes de combattre aux côtés des braves soldats de la France, je vous place sous les ordres de mon bien-aimé gendre le prince Napoléon, à qui sont confiées par l'Empereur des Français d'importantes opérations militaires. Obéissez-lui comme vous m'obéiriez à moi-même. Il partage mes pensées et mes affections, qui sont aussi celles du généreux Empereur qui est venu en Italie pour le triomphe de la justice et de la défense du droit national.

« Soldats, les jours des fortes épreuves sont arrivés. Je compte sur vous. Vous avez à maintenir et à augmenter l'honneur des armes italiennes.

« Victor-Emmanuel. »

Donnons aussi la proclamation du prince Napoléon aux Toscans :

« En rade de Livourne, à bord de la *Reine-Hortense*, le 23 mai 1859.

« Habitants de la Toscane,

« L'Empereur m'envoie dans vos pays, sur la demande de vos représentants, pour y soutenir la guerre contre nos ennemis les oppresseurs de l'Italie.

« Ma mission est exclusivement militaire; je n'ai pas à m'occuper et je ne m'occuperai pas de votre organisation intérieure.

« Napoléon III a déclaré qu'il n'avait qu'une seule ambition : celle de faire triompher la cause sacrée de l'affranchissement d'un peuple, et qu'il ne serait jamais influencé par des intérêts de famille. Il a dit que « le seul but de la France satisfaite de sa puissance, était d'avoir à ses frontières un peuple ami qui lui devra sa régénération. »

« Si Dieu nous protége et nous donne la victoire, l'Italie se constituera librement, et, en comptant désormais parmi les nations, elle affermira l'équilibre de l'Europe.

« Songez qu'il n'est pas de sacrifices trop grands, lorsque l'indépendance doit être le prix de vos efforts, et montrez au monde, par votre union et par votre modération, autant que par votre énergie, que vous êtes dignes d'être libres.

« Le prince commandant en chef le 5ᵉ corps de l'armée d'Italie.

« Napoléon (Jérôme). »

Avant l'arrivée du prince Jérôme Napoléon, le gouvernement militaire du grand-duché avait été confié au général Ulloa, — un des défenseurs de Venise, en 1849.

Voici en quels termes ce général répondait aux acclamations de la population toscane :

« Soldats toscans! vous ne pouvez pas demeurer l'arme au bras quand le canon tonne peut-être déjà en Italie contre l'Autriche. Comment les braves de Curtatone pourraient-ils ne pas accourir à l'appel des héros de Pastrengo, de Goïto et de la Tchernaïa? Soldats toscans, accourez grossir l'armée du très brave et loyal Victor-Emmanuel : elle n'est plus seulement l'armée piémontaise, elle est l'armée de l'Italie. Mêlez-vous aux Piémontais et aux enfants de la généreuse France sous le drapeau tricolore, sous cette bannière que nous arborons pour soutenir les luttes de la commune indépendance. Réunissons-nous tous, des Alpes aux deux mers; serrés en phalanges, nous serons forts, nous serons invincibles : discipline, courage et constance, et le Dieu des victoires sera avec nous ! En avant donc ! *Vive l'Italie !* »

Voici également en quels termes le maire provisoire de Florence, attendant l'arrivée des mandataires de Victor-Emmanuel, avait fait appel au dévoûment des patriotes :

« La guerre qui se fait aujourd'hui n'est pas une guerre d'ambition privée, mais de délivrance nationale. Chacun doit concourir à cette œuvre patriotique. Ce n'est pas seulement avec son bras que l'on peut secourir la patrie : celui qui ne peut pas payer de sa personne ce tribut solennel, doit remplir d'une autre manière ses devoirs de citoyen. On a besoin d'hommes et d'argent dans ce moment suprême. De même qu'animés d'une noble émulation, vous viendrez grossir notre armée, de même je ne doute pas que vous répondrez à mon appel, quand je vous demanderai de l'argent, des chevaux, tout ce qui peut être utile à notre armée qui se prépare à la guerre de l'indépendance. »

Revenons maintenant sur le théâtre même de la guerre.

XI

Après Varèse, après Montebello, le combat de Palestro.

Victor-Emmanuel avait pris le commandement en chef de son armée.

Il s'agissait pour lui de tirer une glorieuse revanche de la navrante défaite de Novare, qui lui avait donné le trône en lui enlevant son père, — et il se rappelait que cette bataille n'avait été perdue que parce que Charles-Albert en avait confié le commandement en chef à d'autres qu'à lui-même. Il voulut commander à sa vaillante armée, électrisée par sa présence, — électrisée aussi par les vaillants compagnons qu'on lui avait donnés. Les Piémontais avaient fait des prodiges de valeur en Crimée, sous l'œil de la France. La France était là encore, représentée par une valeureuse armée qui avait déjà vu bien des champs de bataille, en Afrique et en Crimée.

Victor-Emmanuel se fit plus que commandant d'armée : il se fit soldat :

Le 30 mai au matin, l'armée piémontaise, commandée par le roi Victor-Emmanuel en personne, enlevait le village de Venzoglio et venait attaquer ensuite Palestro, gros bourg situé à cinq kilomètres au sud du premier.

La position de Palestro, sur une hauteur qui commande l'immense plaine environnante, son importance comme point militaire sur la route de Robbio, avaient décidé les Autrichiens à s'y retrancher avec une nombreuse garnison.

La route qui y mène est fort belle, droite et relevée au dessus de la plaine; elle est coupée par plusieurs canaux d'irrigation, que l'on passe sur des ponts en briques fort bien construits.

Les Autrichiens avaient garni les ponts de chevaux de frise et d'abattis.

Sur l'un des monticules qui bordent l'entrée du village, l'ennemi avait établi une batterie de trois pièces de gros calibre tirant à embrasures, et deux autres pièces de campagne étaient disposées sur la route de manière à balayer toute la chaussée.

En arrière de ces défenses, l'ennemi avait échelonné de nombreux tirailleurs tyroliens sur la pente des talus, de manière à balayer par un feu plongeant les assaillants qui oseraient s'engager dans cette espèce de défilé; et dans le fond, les maisons du village étaient elles-mêmes bordées de soldats. Les réserves se tenaient massées en arrière du village même.

Les 7e et 8e bataillons de bersaglieri firent, par leur courage, avorter ce système de défense. Après avoir enlevé le pont au pas de course et s'y être établis, ils s'élancèrent sur les travaux de droite en attaquant à la baïonnette tous les Autrichiens qui, massés au bas du talus, cherchaient à faire résistance. Ils gravirent les pentes et enlevèrent deux des canons qui les défendaient; les artilleurs furent tués sur leurs pièces.

Une autre colonne piémontaise se jetait en ce moment entre les deux escarpements de la route. Les tirailleurs, tournés par la manœuvre hardie des bersaglieri, étaient forcés de battre en retraite dans le plus grand désordre. Vers le village, les maisons, bientôt attaquées l'une après l'autre, furent enlevées, et l'ennemi fut obligé d'évacuer Palestro dans le plus grand désordre, laissant sur le terrain les morts et de nombreux blessés, plus deux cents prisonniers et deux canons.

A deux heures, la division piémontaise était installée dans le village; elle chercha à s'y établir solidement, dans l'appréhension d'un retour offensif de l'ennemi qui paraissait probable, vu l'importance de la position.

Le 3e zouaves avait été détaché à l'armée piémontaise sur la demande du roi de Sardaigne, et campait au bas de Palestro, un peu à droite de la sortie du village, dans un vallon, sur les bords d'un canal.

D'un autre côté, le corps du maréchal Canrobert avait reçu l'ordre de traverser la Sesia sur deux ponts construits à cet effet, et de venir appuyer la division piémontaise.

Le lendemain matin, pendant que quelques coups de canon étaient tirés par l'ennemi sur le pont de la Sesia, où passait en ce moment le corps d'armée du maréchal, trois fortes colonnes autrichiennes, protégées par de nombreux tirailleurs, attaquaient vivement les avant-postes de Palestro, et forçaient les Piémontais à rétrograder; mais arrivés au bas du village, à un petit pont élevé de quelques pieds au-dessus de la route, l'ennemi fut arrêté court, et une vive fusillade s'engagea; pendant que l'on se battait sur ce point, l'ennemi avait débordé la gauche du village et répandait ses tirailleurs dans les blés le long du canal, près du camp des zouaves.

Ceux-ci, déjà en armes, s'étaient formés sous de grands peupliers, et bientôt ils commencèrent un mouvement tournant. Ils prirent le pas gymnastique le long du canal même; mais arrivés à cet endroit où la berge opposée est très élevée, ils furent assaillis par le feu de deux pièces placées sur la route qui vient en cet endroit longer le canal.

En ce moment une partie de la division du général Trochu entrait à Palestro et prenait position pour soutenir au besoin le 3e zouaves.

A peine arrivés en face des pièces ennemies, les zouaves s'élancèrent d'un bond dans le canal, ayant de l'eau jusqu'au menton, franchirent la berge opposée, et arrivèrent sur l'ennemi à la baïonnette,— l'arme terrible!

La baïonnette! En voyant ce mouvement inattendu des zouaves, les Autrichiens s'empressèrent de retirer leurs pièces au galop sur la route qui se dirige vers la Sesia et sauvèrent ainsi momentanément leur artillerie. Les nombreux tirailleurs tyrolieus, cachés dans les blés, furent pris, tués ou blessés, et bientôt les zouaves s'élancèrent au pas de course à la poursuite des artilleurs ennemis qui de temps en temps firent feu et mitraillèrent nos soldats.

Arrivés à un dernier coude du canal, caché par un rideau d'acacias, les zouaves furent assaillis par un feu plus violent. A l'angle de la route, ils découvrirent un petit pont sur lequel étaient deux pièces ; quatre autres étaient en position non loin de là. Les zouaves s'élancèrent de nouveau, et, en quelques minutes, le sol fut jonché de cadavres autrichiens. Plus de trois cents ennemis se noyèrent en cherchant à traverser à la nage un torrent rapide et profond. A droite de l'entrée du pont, une ferme s'élevait, où les Autrichiens s'étaient retranchés au milieu des morts et des mourants : mais ils en furent vite délogés et mirent bas les armes, au nombre de plus de trois cents.

De nouveau encore les zouaves se mirent à la poursuite de l'ennemi et l'atteignirent près d'un autre petit bois, où il tint quelques instants, pour fuir vers une autre ferme, qu'il ne fit que traverser, en se laissant prendre trois autres pièces de canon. On enleva aussi plusieurs caissons, des bagages et la caisse, — qui ne contenait que du papier-monnaie, hélas !

Là enfin, là seulement s'arrêtèrent les zouaves, à plus de six kilomètres du point de départ.

Il devait faire chaud ce jour-là, — très chaud.

L'impétueuse attaque des zouaves avait décidé du succès de cette glorieuse journée de Palestro.

Aussi les zouaves furent-ils et, avec eux, le roi Victor-Emmanuel, les héros de ce combat, — il faut le dire sans craindre de faire tort d'un brin de laurier à personne.

Si les zouaves et les bersaglieri avaient bien mérité de la patrie, le roi de Piémont avait bien mérité des zouaves. Il avait été émerveillé de leur *furia;* ils avaient été électrisés par sa vaillance.

XII

Les zouaves avaient récompensé Victor-Emmanuel en le choisissant pour leur *petit-caporal*. Le roi de Piémont, à son tour, voulut récompenser les zouaves en mentionnant leur intrépidité dans sa proclamation à son armée, — proclamation datée de son quartier-général de Torrione :

« Du quartier général de Torrione, le 31 mai.

« Soldats !

« Aujourd'hui, un nouvel et éclatant fait d'armes a été signalé par une nouvelle victoire. L'ennemi nous a vigoureusement attaqués dans la position de Palestro. Portant de puissantes forces contre notre droite, il voulait empêcher la jonction de nos soldats avec ceux du maréchal Canrobert. Notre force était numériquement bien inférieure à celle de l'adversaire. Mais il avait en face de lui les braves troupes de la 4e division, sous les ordres du général Cialdini, et l'incomparable 3e régiment de zouaves (l'impareggiabile 3° regimento dei zuavi), qui, combattant en ce jour avec l'armée sarde, a puissamment contirbué à la victoire.

« La lutte a été meurtrière; mais, à la fin, les troupes alliées ont repoussé l'ennemi après lui avoir fait subir des pertes très sérieuses, parmi lesquelles figurent un général et plusieurs officiers. Les prisonniers autrichiens s'élèvent à mille environ ; huit canons ont été pris à la baïonnette, cinq par les zouaves, trois par les nôtres. Pendant que se livrait le combat de Palestro, le général Fanti, avec un égal succès, repoussait à la tête des troupes de sa division une attaque des Autrichiens contre Colenza. Sa majesté l'Empereur, en visitant le champ, a exprimé ses félicitations les mieux senties, et il a apprécié l'immense avantage de cette journée. Soldats ! persévérez dans votre conduite sublime, et je vous assure que le ciel couronnera votre œuvre si courageusement commencée.

« VICTOR-EMMANUEL. »

Le rapport au ministre de la guerre sur le même combat trouve tout naturellement sa place ici. Malgré le récit que nous en avons donné, ce rapport officiel sur Palestro ne fera pas double emploi : il confirmera certains passages et en éclaircira d'autres, si besoin est.

« Palestro, le 31 mai 1859.

« Vers les neuf heures du matin, le 3e régiment de zouaves venait d'établir son bivouac sur la droite de ce village et sur la rive droite du canal della Cascina, ayant devant lui cet obstacle, lorsque quelques coups de canon suivis d'une fusillade assez vive, engagée avec des bersaglieri et autres troupes sardes déployées devant le 3e zouaves en tirailleurs, annoncèrent l'approche de l'ennemi. Le colonel fit prendre les armes à son régiment, et le porta à environ cinq cents mètres sur sa droite, du côté où la fusillade était le plus vivement engagée.

« Les Autrichiens qui avaient pris l'offensive s'acèrent rapidement.

« On fit d'abord déployer quatre compagnies en tirailleurs dans les blés qui couvraient les hommes, et le régiment fut formé en colonne d'attaque.

« La fusillade s'engagea aussitôt très vivement ; en ce moment le colonel s'aperçut qu'une forte colonne, appuyée par de l'artillerie, cherchait à tourner la position, ainsi que le village même de Palestro.

« Il lança alors tout le régiment contre les masses ennemies.

« Après avoir franchi rapidement le canal qui était en avant d'eux, profond d'un mètre environ, les zouaves abordèrent résolûment l'ennemi à la baïonnette, et enlevèrent de suite trois pièces de canon, qui leur avaient fait essuyer un feu meurtrier.

« En voyant les zouaves sur les hauteurs où étaient les pièces, l'ennemi s'enfuit en désordre. Deux autres pièces de canon, qu'il avait en arrière, furent enlevées comme les premières.

« De là la colonne d'attaque s'élança sur le gros de l'ennemi, dans la direction du pont de Cofienza sur la rivière de la Busca.

« Ce pont était fortement défendu par deux pièces d'artillerie.

« Les Autrichiens, qui avaient imprudemment engagé une partie de leurs masses en avant de cette rivière, furent violemment refoulés par le choc impétueux de nos hommes; ils furent presque tous anéantis, dans l'impossibilité où ils s'étaient mis d'effectuer leur retraite.

« Plus de six cents restèrent prisonniers entre nos mains; un grand nombre, que l'on peut évaluer à huit cents, se noyèrent en cherchant à passer la rivière de la Busca. Beaucoup d'autres furent tués sur place.

« Quoique le pont de la Busca fût obstrué par les deux pièces de canon et les chevaux attelés à ces pièces (trois étaient tués), le colonel fit passer des hommes sur l'autre rive, et après en avoir formé une colonne assez forte, il continua son mouvement en avant.

« L'ennemi, soutenu par ses réserves, continua sa retraite en bon ordre, en nous abandonnant encore deux pièces de canon.

« Il fut poursuivi jusqu'à la rivière de Rizza Biraza, au village de Robbio.

« Là s'arrêta le mouvement en avant; l'ennemi, déjà éloigné, continuait à effectuer rapidement sa retraite.

« Le 3ᵉ de zouaves a pris neuf canons, fait environ sept cents prisonniers dont neuf officiers.

« De notre côté, les pertes ont été sensibles :

« Quarante-six tués dont un capitaine ;

« Deux cent vingt-neuf blessés dont quinze officiers ;

« Vingt disparus (ces hommes ont roulé dans la rivière de la Rizza Biraza en y précipitant les Autrichiens). »

Le 3ᵉ régiment de zouaves, qui a joué à Palestro un rôle si pittoresque et si accentué, est commandé par le colonel Chabron. Cet officier supérieur est âgé de cinquante-deux ans. Homme de guerre, d'un coup d'œil sûr, d'une activité peu commune, sa carrière, un moment arrêtée dans le grade de capitaine, s'est dessinée lorsque le corps dont il faisait partie a été appelé à faire campagne.

Capitaine en 1838, il fut compris dans l'organisation des chasseurs à pied au 7ᵉ bataillon, en 1840. Chef de bataillon au 50ᵉ de ligne en 1852, depuis cette époque il resta continuellement en Afrique ou en Crimée. Lieutenant-colonel du 86ᵉ le 21 mars 1855, il est réputé comme l'un des officiers les plus braves et les mieux doués. « C'est un officier supérieur des plus solides, écrivait en 1855 le maréchal Pélissier ; dans les moments décisifs, il tient sa troupe et en fait ce qu'il veut. »

Mais aussi quelle admirable troupe que ces zouaves ! quel feu, quelle fougue, surtout dans ce 3ᵉ régiment, dont les états de services, pour n'être pas très anciens, n'en sont pas moins des plus éclatants ! Commandés successivement en Crimée par les colonels Tabouriech, mort du choléra, et Bonnet-Maureilhan Polher, aujourd'hui général de brigade, il fit partie de la division Bosquet, et c'est lui qui se précipita, le 22 septembre 1854, à la bataille de l'Alma, sur les remparts à pic qui longent la mer, avec tant d'impétuosité, que les Russes, effrayés, n'eurent que le temps d'atteler leurs pièces et de s'enfuir. A Inkermann, il apporta aux Anglais, comme aujourd'hui aux Piémontais, un concours précieux. A Traktir, le 3ᵉ zouaves enfonça également la septième division russe, et assura de ce côté le succès de la journée. Depuis lors, pour se reposer, ce brave régiment a fait les trois expéditions entreprises contre la Kabylie. L'Italie le retrouve encore au premier rang, portant les premiers coups, se riant du danger, bravant la mort avec cette insouciance, cet entrain qui rend son attaque irrésistible.

La cinquième division piémontaise, qui avait déjà passé la Sesia le 22 mai, en rompant les lignes de l'ennemi, et qui a secondé vaillamment l'attaque du roi Victor-Emmanuel les 30 et 31, est commandée par le major général Cialdini, ayant pour chef d'état-major le lieutenant-colonel Efisio Cugia, officier d'artillerie très-distingué, qui a fait la campagne de 1848 en Lombardie. Cette division comprend la brigade de Savone (15ᵉ et 16ᵉ de ligne) et la brigade d'Acqui (17ᵉ et 18ᵉ de ligne).

Le général Cialdini est Modenais ; il a servi la cause libérale en Espagne. En 1845, il vint en Italie prendre part à la guerre nationale. A Viana, il guidait une des brigades de Jean Durando dans la défense des Monti-Berici, et il y fut blessé en même temps que Maxime d'Azeglio, qui combattait à côté de lui. Nommé en 1849 au commandement du 23ᵉ régiment, composé de Modenais, Cialdini conduisit vigoureusement ce corps à la bataille de Novare. Désigné comme chef de la deuxième brigade de la première division du corps expéditionnaire en Crimée, il fut, à la fin de la campagne, nommé major général.

La division Fanti, qui a combattu à Cofienza pendant que la division Cialdini repoussait les Autrichiens à Palestro, est la deuxième division de l'armée piémontaise. Le général Manfred Fanti, qui la commande, est Modenais comme le général Cialdini. Même courage et même patriotisme.

XIII

Après Palestro, Turbigo et Robecchetto, deux combats, puis Magenta, — une bataille, une grande victoire.

Nous l'avons déjà dit, et nous le répétons : rien ne vaut le langage des faits, aucun récit n'a l'éloquence des récits officiels, aucun livre ne parle comme le canon.

Ouvrons donc le *Moniteur*, qui sent si violemment la poudre.

Le 5 juin, un supplément de ce journal officiel publiait cette dépêche télégraphique :

« Novare, le 4 juin.

L'Empereur à l'Impératrice.

« Pont de Magenta, onze heures trente minutes du soir.

« Une grande victoire!
« 5,000 prisonniers.
« 15,000 ennemis tués et blessés.
« A plus tard les détails. »

La France tressaillit alors comme aux beaux jours du premier Empire. Le soir, le canon des Invalides tonna en l'honneur de la grande victoire remportée, et la ligne des boulevards et la plupart des maisons de la ville s'illuminèrent.

Le lendemain, le *Moniteur* publiait les deux dépêches suivantes :

L'Empereur à l'Impératrice.

« Pont de Magenta (Tessin), 5 juin.

« Hier, l'armée devait se diriger sur Milan, en passant par les ponts jetés à Turbigo, et non sur le pont de Magenta ; l'opération s'est bien exécutée ; mais l'ennemi, qui avait repassé le Tessin en grand nombre, nous a opposé la plus vive résistance. Les débouchés étaient étroits. La garde impériale a subi le choc à elle seule pendant deux heures. Pendant ce temps, le général de Mac-Mahon s'emparait de Magenta. Après des combats sanglants, nous avons partout culbuté l'ennemi.

« Nous avons eu environ deux mille hommes hors de combat.

« On estime la perte de l'ennemi à quinze mille hommes prisonniers, tués ou blessés. Cinq mille sont restés entre nos mains. »

L'Empereur à l'Impératrice.

« 5 juin, quatre heures quinze minutes du soir.

« Voici le résumé connu de la bataille de Magenta :
« 7,000 prisonniers au moins.
« 20,000 Autrichiens mis hors de combat.
« 3 canons.
« 2 drapeaux.
« Aujourd'hui, l'armée se repose et s'organise. Nos pertes sont d'environ 3,000 hommes tués ou blessés et un canon pris par l'ennemi. »

Le même jour, à la Bourse, était affichée cette quatrième dépêche :

L'Empereur à l'Impératrice.

« Quartier-général, le 6 juin, huit heures du matin.

« Milan s'est insurgé. Les Autrichiens ont évacué la ville, laissant, dans leur précipitation, des canons et les caisses de l'armée.

« Nous sommes encombrés de prisonniers : nous avons pris douze mille fusils autrichiens. »

Les événements marchaient vite, si vite même, que ce n'était que le 7 juin que le *Moniteur* publiait le rapport du général Mac-Mahon, contenant la nouvelle du combat livré le 3 juin en avant de Turbigo et de Robecchetto :

« Au quartier-général, à Turbigo, le 3 juin 1859.

« Sire,

« Ainsi que j'ai eu l'honneur d'en instruire Votre Majesté par un premier rapport que je lui ai adressé ce matin, l'ennemi a fait sauter le pont de San Martino hier, vers cinq heures du soir, en se retirant sur la rive gauche du Tessin.

« Ce matin, à la pointe du jour, le général Espinasse s'est porté, avec une brigade, sur la tête de pont que les Autrichiens avaient abandonnée à son approche. Il y a trouvé trois obusiers, deux canons de campagne, et plusieurs chariots de munitions.

« D'après les ordres de Votre Majesté, le 2ᵉ corps a quitté Novare ce matin, à huit heures et demie, pour se porter sur Turbigo et y franchir le Tessin sur le pont qui y a été jeté la nuit dernière, sous la protection de la division des voltigeurs de la garde impériale.

« Au moment de mon arrivée à Turbigo, j'ai trouvé une brigade de cette division sur la rive droite du Tessin, occupant le village et ses abords de manière à nous assurer la libre possession du pont, et surveillant la vallée en aval du village.

« L'autre brigade de la division Camou était sur la rive droite.

« La tête de colonne de la 1ʳᵉ division du 2ᵉ corps franchissait le pont vers une heure et demie. Au moment où, m'étant porté en avant de Turbigo, je reconnaissais le terrain et que je visitais les hauteurs de Robecchetto pour y établir les troupes, je m'aperçus tout à coup que j'avais à quelque cinq cents mètres de moi une colonne autrichienne qui, paraissant venir de Buffalora, marchait sur Robecchetto avec l'intention évidente d'occuper ce village.

« Robecchetto se trouve sur la rive gauche du Tessin, à l'est, et à deux kilomètres de Turbigo. C'est un village considérable qui peut être aisément défendu, et qu'il serait incontestablement très utile d'occuper fortement pour un corps ennemi qui viendrait de Milan ou de Magenta, avec l'intention de barrer le passage du Tessin à Turbigo. Ce village est assis sur un vaste plateau horizontal qui domine de quinze à vingt mètres la vallée du Tessin. On y arrive, lorsqu'on sort de Turbigo, par deux chemins praticables à l'artillerie : l'un qui aboutit à l'une de ses rues par la partie sud du village, l'autre par la partie ouest.

« Le chemin qui vient de Magenta et de Buffalora y pénètre par la partie est. C'est ce dernier que suivait la colonne autrichienne.

« J'ordonnai au général de La Motterouge, qui n'avait alors avec lui que le régiment des tirailleurs algériens, ses autres régiments étant encore sur la rive gauche de la rivière, de porter ses trois bataillons de tirailleurs sur Robecchetto, et de les disposer en trois colonnes d'attaque de la manière suivante :

« Le 1er bataillon formant la droite, en colonne par division, précédé de deux compagnies de tirailleurs, destinées à se porter sur le village en l'attaquant par le sud ;

« Le 2e bataillon formant la gauche, disposé de la même façon, destiné à pénétrer dans le village en l'attaquant par l'ouest ;

« Le 3e bataillon, au centre et un peu en arrière des 1er et 2e, formant un échelon en réserve, prêt à appuyer les deux autres bataillons, était aussi disposé en colonne et précédé de tirailleurs.

« Les trois colonnes, marchant à intervalles de déploiement, devaient, au commandement général, converser sur Robecchetto, et, en y pénétrant par la rue principale qui le traverse de l'ouest à l'est, chercher à le tourner aussi par la partie est, de manière à menacer la retraite de l'ennemi.

« Pendant que le général de La Motterouge se mettait en mesure d'exécuter ces mouvements avec le régiment des tirailleurs algériens, je prenais moi-même les dispositions nécessaires pour faire arriver à lui les autres régiments de sa division. Le 45e de ligne, second régiment de la 1re brigade, recevait l'ordre de marcher dans les traces du régiment des tirailleurs algériens.

« La 2e brigade, composée des 65e et 70e de ligne, recevait, un peu plus tard, l'ordre de se porter sur le village de Robecchetto par la route de Castano, afin de flanquer l'attaque convergente faite par les tirailleurs algériens.

« Vers deux heures, le général de La Motterouge marchait avec ses trois bataillons sur Robecchetto, suivi d'une batterie de la réserve générale de l'armée, dirigée par le général Auger en personne.

« Les colonnes de tirailleurs algériens, enlevées avec la plus grande vigueur à la voix du général de La Motterouge et à celle de leur colonel, marchèrent résolûment sur Robecchetto sans faire usage de leur feu.

« Accueillis à l'entrée du village par une très vive fusillade, nos tirailleurs se précipitèrent tête baissée sur les Autrichiens qui en défendaient les abords. Dans l'intérieur du village seulement ils firent usage de leur feu, et puis aussitôt se précipitèrent à la baïonnette sur tous ceux qui essayaient de résister et de leur barrer le passage. En dix minutes l'ennemi était délogé du village et en retraite sur la route par laquelle il était venu. A la sortie du village, il voulut user de son artillerie, et nous envoya une douzaine de coups à mitraille qui n'arrêtèrent en rien l'élan de nos soldats. Notre artillerie riposta par des coups heureux qui ébranlèrent tout à fait les colonnes ennemies et les mirent alors dans une déroute complète. Les tirailleurs les poursuivirent au pas de course jusqu'à deux kilomètres en avant de Robecchetto, et en tuèrent un grand nombre. Le général Auger, en faisant prendre à la batterie quatre positions successives et très heureusement choisies, leur fit beaucoup de mal.

« C'est dans une de ces positions que le général Auger, croyant apercevoir dans les blés une pièce autrichienne ayant quelque peine à suivre le mouvement de retraite de l'ennemi, se précipita au galop sur elle et s'en empara. Près de la pièce, gisait à terre le commandant de la batterie, coupé en deux par un de nos boulets.

« Pendant que ceci se passait vers Robecchetto, une tête de colonne de cavalerie autrichienne se présentait sur notre gauche, venant de Castano. Je portai un bataillon du 65e et deux pièces de canon à sa rencontre. Deux boulets suffirent pour la décider à se retirer précipitamment.

« L'ennemi a éprouvé des pertes considérables. Le champ de bataille est couvert de ses morts et d'une quantité considérable d'effets de toute nature qu'il a laissés entre nos mains : effets de campement, sacs complets qu'il a jetés sur le lieu du combat pour fuir avec plus d'agilité. Nous avons ramassé des armes, carabines et fusils. Nous avons fait peu de prisonniers, ce qui s'explique par la nature du terrain sur lequel l'engagement a eu lieu.

« De notre côté, nous avons eu un capitaine tué (M. Vanéechout), quatre officiers blessés, dont un colonel d'état-major (M. de Laveaucoupet), sept soldats tués et trente-huit blessés, parmi lesquels quatre, m'a-t-on dit, des voltigeurs de la garde, qui a eu ses tirailleurs engagés avec l'ennemi en arrière de Robecchetto.

« Je ne puis encore, Sire, donner à Votre Majesté des détails précis sur cette affaire, qui, une fois de plus depuis notre entrée en campagne, montre tout ce qu'Elle peut attendre de nos braves soldats.

« Je n'ai point encore reçu les rapports particuliers qui doivent signaler ceux qui se sont plus particulièrement distingués. Tous ont fait bravement et dignement leur devoir ; mais je signalerai, dès à

présent, à Votre Majesté, le général de La Motte-rouge, comme ayant fait preuve d'un élan irrésistible ; le général Auger, pour le fait que j'ai relaté plus haut et qui, aux termes de notre législation militaire, mérite une citation à l'ordre général de l'armée ; le colonel de Laveaucoupet, qui, en combattant corps à corps avec les tirailleurs autrichiens, a reçu un coup de baïonnette à la tête ; le colonel Laure, des tirailleurs algériens, pour l'impulsion intelligente avec laquelle il a conduit ses bataillons à l'ennemi.

« Je suis, avec le plus profond respect, Sire, de Votre Majesté, le très humble, très obéissant et très fidèle sujet,

« Le général de division, commandant en chef le 2ᵉ corps.

« DE MAC-MAHON. »

Les deux combats de Turbigo et de Robecchetto n'étaient que la préface de la bataille de Magenta, — deux avantages précédant une victoire.

Donnons donc, *in extenso*, le récit officiel de cette grande bataille qui ouvrait aux armées alliées les portes de la Lombardie.

PASSAGE DU TESSIN ET BATAILLE DE MAGENTA.

Quartier-général de San-Martino, le 5 juin 1859.

L'armée française, réunie autour d'Alexandrie, avait devant elle de grands obstacles à vaincre. Si elle marchait sur Plaisance, elle avait à faire le siége de cette place et à s'ouvrir de vive force le passage du Pô, qui en cet endroit n'a pas moins de neuf cents mètres de largeur, et cette opération si difficile devait être exécutée en présence de deux cent mille hommes.

Si l'Empereur passait le fleuve à Valence, il trouvait l'ennemi concentré sur la rive gauche de Mortara, et il ne pouvait l'attaquer dans cette position que par des colonnes séparées, manœuvrant au milieu d'un pays coupé de canaux et de rizières. Il y avait donc des deux côtés un obstacle presque insurmontable : l'Empereur résolut de le tourner, et il donna le change aux Autrichiens en massant son armée sur la droite et en lui faisant occuper Casteggio et même Robbio sur la Trebia.

Le 31 mai, l'armée reçut l'ordre de marcher par la gauche, et franchit le Pô à Casale, dont le pont était resté en notre possession ; elle prit aussitôt la route de Vercelli où le passage de la Sesia fut opéré pour protéger et couvrir notre marche rapide sur Novare. Les efforts de l'armée furent dirigés vers la droite sur Robbio, et deux combats glorieux pour les troupes sardes, livrés de ce côté, eurent encore pour effet de faire croire à l'ennemi que nous marchions sur Mortara. Mais, pendant ce temps, l'armée française s'était portée vers Novare, et elle avait pris position sur le même emplacement où, dix ans auparavant, le roi Charles-Albert avait combattu. Là, elle pouvait faire tête à l'ennemi s'il se présentait.

Ainsi, cette marche hardie avait été protégée par cent mille hommes campés sur notre flanc droit à Olengo, en avant de Novare. Dans ces circonstances, c'était donc à la réserve que l'Empereur devait confier l'exécution du mouvement qui se faisait en arrière de la ligne de bataille.

Le 2 juin, une division de la garde impériale fut dirigée vers Turbigo, sur le Tessin, et, n'y trouvant aucune résistance, elle y jeta trois ponts.

L'Empereur, ayant recueilli des renseignements qui s'accordaient à lui faire connaître que l'ennemi se retirait sur la rive gauche du fleuve, fit passer le Tessin en cet endroit par le corps d'armée du général de Mac-Mahon, suivi le lendemain par une division de l'armée sarde.

Nos troupes avaient à peine pris position sur la rive lombarde, qu'elles y furent attaquées par un corps autrichien venu de Milan par le chemin de fer. Elles le repoussèrent victorieusement sous les yeux de l'Empereur.

Dans la même journée du 2 juin, la division Espinasse s'étant avancée sur la route de Novare à Milan jusqu'à Trecate, d'où elle menaçait la tête du pont de Buffalora, l'ennemi évacua précipitamment les retranchements qu'il avait établis sur ce point et se replia sur la rive gauche en faisant sauter le pont de pierre qui traverse le fleuve en cet endroit. Toutefois, l'effet de ses fourneaux de mine ne fut pas complet, et les deux arches du pont qu'il s'était proposé de renverser s'étant seulement affaissées sur elles-mêmes sans s'écrouler, le passage ne fut pas interrompu.

La journée du 4 avait été fixé par l'Empereur pour la prise de possession définitive de la rive gauche du Tessin. Le corps d'armée du général de Mac-Mahon, renforcé de la division des voltigeurs de la garde impériale et suivi de toute l'armée du roi de Sardaigne, devait se porter de Turbigo sur Buffalora et Magenta, tandis que la division des grenadiers de la garde impériale s'emparerait de la tête du pont de Buffalora sur la rive gauche, et que le corps d'armée du maréchal Canrobert s'avancerait sur la rive droite pour passer le Tessin au même point.

L'exécution de ce plan d'opérations fut troublée par quelques-uns de ces incidents avec lesquels il faut compter à la guerre. L'armée du roi fut retardée dans son passage de la rivière, et une seule de ses divisions put suivre d'assez loin le corps du général de Mac-Mahon.

La marche de la division Espinasse souffrit aussi des retards, et, d'un autre côté, lorsque le corps du maréchal Canrobert sortit de Novare pour rejoindre l'Empereur, qui s'était porté de sa personne à la tête du pont de Buffalora, ce corps trouva la route tellement encombrée qu'il ne put arriver que fort tard au Tessin..

Telle était la situation des choses, et l'Empereur attendait, non sans anxiété, le signal de l'arrivée du corps du général de Mac-Mahon à Buffalora, lorsque, vers les deux heures, il entendit de ce côté une fusillade et une canonnade très vives : le général arrivait.

C'était le moment de le soutenir en marchant vers Magenta. L'Empereur lança aussitôt la brigade Wimpffen contre les positions formidables occupées par les Autrichiens en avant du pont; la brigade Cler suivit le mouvement. Les hauteurs qui bordent le Naviglio (grand canal) et le village de Buffalora furent promptement emportés par l'élan de nos troupes ; mais elles se trouvèrent alors en face de masses considérables qu'elles ne purent enfoncer et qui arrêtèrent leurs progrès.

Cependant le corps d'armée du maréchal Canrobert ne se montrait point, et, d'un autre côté, la canonnade et la fusillade qui avaient signalé l'arrivée du général de Mac-Mahon avaient complètement cessé. La colonne du général avait-elle été repoussée, et la division des grenadiers de la garde allait-elle avoir à soutenir, à elle seule, tout l'effort de l'ennemi ?

C'est ici le moment d'expliquer la manœuvre que les Autrichiens avaient faite. Lorsqu'ils eurent appris, dans la nuit du 2 juin, que l'armée française avait surpris le passage du Tessin à Turbigo, ils avaient fait repasser rapidement ce fleuve, à Vigevano, par trois de leurs corps d'armée, qui brûlèrent les ponts derrière eux. Le 4 au matin ils étaient devant l'Empereur au nombre de cent vingt-cinq mille hommes, et c'est contre ces forces si disproportionnées que la division des grenadiers de la garde, avec laquelle se trouvait l'Empereur, avait seule à lutter.

Dans cette circonstance critique, le général Regnaud de Saint-Jean-d'Angély fit preuve de la plus grande énergie, ainsi que les généraux qui commandaient sous ses ordres. Le général de division Mellinet eut deux chevaux tués sous lui ; le général Cler tomba mortellement frappé ; le général Wimpffen fut blessé à la tête ; les commandants Desmé et Maudhuy, des grenadiers de la garde, furent tués ; les zouaves perdirent deux cents hommes, et les grenadiers subirent des pertes non moins considérables.

Enfin, après une longue attente de quatre heures, pendant laquelle la division Mellinet soutint sans reculer les attaques de l'ennemi, la brigade Picard, le maréchal Canrobert en tête, arriva sur le lieu du combat. Peu après parut la division Vinoy, du corps du général Niel, que l'Empereur avait fait appeler, puis enfin les divisions Renault et Trochu, du corps du maréchal Canrobert.

En même temps le canon du général de Mac-Mahon se faisait de nouveau entendre dans le lointain. Le corps du général, retardé dans sa marche, et moins nombreux qu'il n'aurait dû l'être, s'était avancé en deux colonnes sur Magenta et Buffalora.

L'ennemi ayant voulu se porter entre ces deux colonnes pour les couper, le général de Mac-Mahon avait rallié celle de droite sur celle de gauche, vers Magenta, et c'est ce qui explique comment le feu avait cessé, dès le début de l'action du côté de Buffalora.

En effet, les Autrichiens se voyant pressés sur leur front et sur leur gauche, avaient évacué le village de Buffalora et porté la plus grande partie de leurs forces contre le général de Mac-Mahon, en avant de Magenta. Le 45e de ligne s'élança avec intrépidité à l'attaque de la ferme de Cascina Nuova, qui précède le village, et qui était défendue par deux régiments hongrois. Quinze cents hommes de l'ennemi y déposèrent les armes, et le drapeau fut enlevé sur le cadavre du colonel. Cependant la division de la Motterouge se trouvait pressée par des forces considérables qui menaçaient de la séparer de la division Espinasse. Le général de Mac-Mahon avait disposé en seconde ligne les treize bataillons des voltigeurs de la garde, sous le commandement du brave général Camou, qui, se portant en première ligne, soutint au centre les efforts de l'ennemi et permit aux divisions de la Motterouge et Espinasse de reprendre vigoureusement l'offensive.

Dans ce moment d'attaque générale, le général Auger, commandant l'artillerie du 2e corps, fit mettre en batterie, sur la chaussée du chemin de fer, quarante bouches à feu, qui, prenant en flanc et d'écharpe les Autrichiens défilant en grand désordre, en firent un carnage affreux.

A Magenta, le combat fut terrible. L'ennemi défendit ce village avec acharnement. On sentait de part et d'autre que c'était là la clef de la position. Nos troupes s'en emparèrent maison par maison, faisant subir aux Autrichiens des pertes énormes. Plus de dix mille des leurs furent mis hors de combat, et le général de Mac-Mahon leur fit environ cinq mille prisonniers, parmi lesquels un régiment tout entier, le 2e chasseurs à pied, commandé par le colonel Hauser. Mais le corps du général eut lui-même beaucoup à souffrir : quinze cents hommes furent tués ou blessés. A l'attaque du village, le général Espinasse et son officier d'ordonnance, le lieutenant Froidefond, étaient tombés frappés à mort. Comme lui, à la tête de leurs troupes, étaient tombés les colonels Drouhot, du 65e de ligne, et de Chabrière, du 2e régiment étranger.

D'un autre côté, les divisions Vinoy et Renault faisaient des prodiges de valeur sous les ordres du maréchal Canrobert et du général Niel. La division Vinoy, partie de Novare dès le matin, arrivait à peine à Trecate, où elle devait bivouaquer, quand elle fut appelée par l'Empereur. Elle marcha au pas de course jusqu'à Ponte di Magenta, en chassant l'ennemi des positions qu'il occupait et en lui faisant plus de mille prisonniers ; mais, engagée avec des forces supérieures, elle eut à subir beaucoup de pertes : onze officiers furent tués et cinquante blessés ; six cent cinquante sous-officiers et soldats furent mis hors de combat. Le 85e de ligne eut surtout à souffrir : Le commandant Delort, de ce régiment, se fit bravement tuer à la tête de son bataillon, et les autres officiers supérieurs furent blessés. Le général Martimprey fut atteint d'un coup de feu en conduisant sa brigade.

Les troupes du maréchal Canrobert firent aussi des pertes regrettables. Le colonel de Senneville, son chef d'état-major, fut tué à ses côtés ; le colonel Charlier, du 90e, fut mortellement atteint de cinq coups de feu, et plusieurs officiers de la division Renault furent mis hors de combat, pendant que le village de Ponte di Magenta était pris et repris sept fois de suite.

Enfin, vers huit heures et demie du soir, l'armée française restait maîtresse du champ de bataille, et l'ennemi se retirait en laissant entre nos mains quatre canons, dont un pris par les grenadiers de la garde, deux drapeaux et sept mille prisonniers. On peut évaluer à vingt mille environ le nombre des Autrichiens mis hors de combat. On a trouvé sur le champ de bataille douze mille fusils et trente mille sacs.

Les corps autrichiens qui ont combattu contre nous sont ceux de Klam-Gallas, Zobel, Schwartzemberg et Lichtenstein. Le feld-maréchal Giulay commandait en chef.

Ainsi, cinq jours après le départ d'Alexandrie, l'armée alliée avait livré trois combats, gagné une bataille, débarrassé le Piémont des Autrichiens et ouvert les portes de Milan. Depuis le combat de Montebello, l'armée autrichienne a perdu vingt-cinq mille hommes tués ou blessés, dix mille prisonniers et dix-sept canons.

XIV

Milan s'était insurgé et avait expulsé les Autrichiens.

Le 6 juin, la municipalité de cette ville se présentait au quartier-général et remettait au roi Victor-Emmanuel et à l'Empereur Napoléon III, une adresse spéciale à chacun d'eux, toutes deux signées des conseillers municipaux.

Voici quelle était l'adresse au roi de Piémont :

« Sire,

« La municipalité de Milan est fière d'user aujourd'hui d'un de ses plus précieux priviléges en se rendant l'interprète des vœux de ses concitoyens dans les graves circonstances où nous sommes. Elle veut renouveler vis-à-vis de vous le pacte de 1848 et proclamer de nouveau, à la face de la nation, ce grand fait que onze années écoulées ont mûri dans les intelligences et dans les cœurs :

« L'annexion de la Lombardie au Piémont, qui a été proclamée ce matin au moment où l'artillerie ennemie pouvait encore foudroyer la ville et tandis que ses bataillons défilaient sur nos places.

« L'annexion est le premier pas fait dans la voie d'un nouveau droit public qui laisse les peuples arbitres de leurs destinées.

« L'héroïque armée sarde et celle de son auguste allié, qui veut l'Italie libre jusqu'à l'Adriatique, achèveront bientôt leur magnanime entreprise.

« Daignez, Sire, agréer l'hommage que Milan vous adresse par notre organe. Croyez que tous nos cœurs sont à vous ; notre cri est : Vive le roi ! vive le « statut » de l'Italie ! »

Voici quelle était l'adresse à l'empereur Napoléon :

« Sire,

« Le conseil communal de la ville de Milan a tenu, aujourd'hui même, une séance extraordinaire dans laquelle il a été décidé par acclamation que la congrégation municipale présenterait à Sa Majesté l'Empereur Napoléon III une adresse exprimant la vive reconnaissance du pays pour son généreux concours à la grande œuvre de la délivrance de l'Italie. Sire, la congrégation municipale se regarde comme très honorée d'un mandat aussi élevé, mais elle sait combien les paroles sont impuissantes pour le remplir.

« Dans un discours dont tous admirèrent les magnanimes sentiments, mais que les Italiens écoutèrent avec une religieuse joie et surent interpréter comme un splendide augure, Votre Majesté disait qu'elle se reposait sur le jugement de la postérité.

« Sire, le jugement sur la sainteté de la guerre que Votre Majesté a entreprise de concert avec le roi Victor-Emmanuel II est désormais prononcé par l'opinion unanime de l'Europe civilisée, et les noms de Montebello, de Palestro et de Magenta appartiennent déjà à l'histoire. Mais si, au jour de la bataille, la grandeur des plans de Votre Majesté, égalée à peine par l'héroïsme de vos soldats, nous rend sûrs de la victoire, nous ne pouvons le lendemain que déplorer amèrement la perte de tant de braves qui vous suivirent au champ d'honneur. Les noms des généraux Beuret, Cler, Espinasse et tant d'autres héros tombés prématurément, figurent déjà dans le sanctuaire de nos martyrs et demeureront gravés dans le cœur des Italiens comme dans un monument impérissable. Sire, notre reconnaissance pour Votre Majesté et pour la grande nation que vous avez été appelé à rendre plus grande encore, sera manifestée avec plus d'énergie par toute l'Italie rendue libre : mais nous sommes fiers, en attendant, d'être les premiers à l'exprimer comme nous avons été les premiers à être délivrés de l'odieux aspect de la tyrannie autrichienne.

« Permettez-nous, Sire, de saluer Votre Majesté par ce cri de notre peuple :

« Vive Napoléon III !

« Vive la France ! »

La population milanaise appelait à elle les deux souverains ; elle leur tendait les bras et le cœur.

Le 8 juin, l'empereur Napoléon III et le roi Victor-Emmanuel faisaient leur entrée triomphale à Milan.

Dès six heures du matin, la foule avait inondé le Corso pour mieux voir le solennel spectacle de cette entrée. Les femmes étaient aux balcons, avec des gerbes de fleurs et des couronnes de lauriers destinées aux vainqueurs des glorieuses batailles livrées et gagnées si rapidement.

A sept heures, la foule reculait pour livrer passage au cortège qui s'avançait. L'Empereur et le Roi étaient arrivés.

Victor-Emmanuel marchait le premier. C'était dans sa capitale qu'il entrait ainsi, — dans sa seconde capitale.

Avec l'Empereur chevauchaient les cent-gardes. Derrière le Roi venait l'armée sarde. La pluie de fleurs et de couronnes commença alors pour ne cesser qu'au bout d'une heure. Mais l'enthousiasme s'épuisa moins vite. Tous les cœurs battaient aux champs, comme les tambours, parce que la présence à Milan de ces monarques et de leur armée, signifiait indépendance de l'Italie. C'était la liberté qu'on saluait en eux !

Voici plusieurs pièces officielles publiées à ce sujet.

D'abord une adresse de la municipalité de Milan au roi Victor-Emmanuel :

« Sire,

« Le vœu public est que Votre Majesté, à qui, par un miracle de la concorde, ont été confiées les destinées de la patrie commune, prenne le plus tôt possible en main le gouvernement et la direction des affaires publiques de ce pays. Ce vœu avait été déjà solennellement proclamé par des milliers de nos volontaires, d'abord par serment devant Dieu, et ensuite par le sang devant le canon de l'Autriche...

« Sire, dans la résolution du conseil de la commune de Milan, Sa Majesté verra une nouvelle preuve que les vérités de cœur n'ont pas deux manières de s'exprimer. Nous vous appartenons par la persuasion, par l'affection, par la nécessité géographique, par le droit historique de l'acte de fusion de 1848, confirmé par les onze années de préparation, de souffrances, qui resteront ineffaçables dans l'histoire des peuples, comme un exemple sublime de ce que peut la persévérance dans de justes desseins, ainsi que la dignité dans les malheurs publics...

« Sire, nous vous adresserons les paroles qui vous ont ému déjà lorsque vous les avez entendues des lèvres de nos volontaires blessés dans la glorieuse journée de Palestro : « Faites libre et heureuse l'Italie, et nous bénirons nos blessures. »

Puis une proclamation de l'Empereur Napoléon III au peuple Italien :

« Italiens,

« La fortune de la guerre nous conduisant aujourd'hui dans la capitale de la Lombardie, je viens vous dire pourquoi j'y suis.

« Lorsque l'Autriche attaqua injustement le Piémont, je résolus de soutenir mon allié le roi de Sardaigne, l'honneur et les intérêts de la France m'en faisant un devoir. Vos ennemis, qui sont les miens, ont tenté de diminuer la sympathie universelle qu'il y avait en Europe pour votre cause, en faisant croire que je ne faisais la guerre que par ambition personnelle, ou pour agrandir le territoire de la France.

« S'il y a des hommes qui ne comprennent pas leur époque, je ne suis pas du nombre. Dans l'état éclairé de l'opinion publique, on est plus grand aujourd'hui par l'influence morale qu'on exerce que par des conquêtes stériles, et cette influence morale je la recherche avec orgueil en contribuant à rendre libre une des plus belles parties de l'Europe. Votre accueil m'a déjà prouvé que vous m'avez compris.

« Je ne viens pas ici avec un système préconçu pour déposséder les souverains ni pour vous imposer ma volonté ; mon armée ne s'occupera que de deux choses : combattre vos ennemis et maintenir l'ordre intérieur ; elle ne mettra aucun obstacle à la libre manifestation de vos vœux légitimes.

« La Providence favorise quelquefois les peuples comme les individus, en leur donnant l'occasion de grandir tout-à-coup ; mais c'est à la condition qu'ils sachent en profiter. Profitez donc de la fortune qui s'offre à vous ! Votre désir d'indépendance, si longtemps exprimé, si souvent déçu, se réalisera si vous vous en montrez dignes.

« Unissez-vous donc dans un seul but : l'affranchissement de votre pays. Organisez-vous militairement. Volez sous les drapeaux du roi Victor-Emmanuel, qui vous a déjà si noblement montré la voie de l'honneur. Souvenez-vous que sans discipline il n'y a pas d'armée, et, animés du feu sacré de la patrie, ne soyez aujourd'hui que soldats ; demain, vous serez citoyens libres d'un grand pays.

« NAPOLÉON.

« Fait au quartier impérial de Milan, le 8 juin 1859. »

Puis un ordre du jour à l'armée d'Italie :

« Soldats,

« Il y a un mois, confiant dans les efforts de la diplomatie, j'espérais encore la paix, lorsque tout-à-coup l'invasion du Piémont par les troupes autrichiennes nous appela aux armes. Nous n'étions pas prêts. Les hommes, les chevaux, le matériel, les approvisionnements manquaient, et nous devions, pour secourir nos alliés, déboucher à la hâte, par petites fractions, au-delà des Alpes, devant un ennemi redoutable et préparé de longue main.

« Le danger était grand ; l'énergie de la nation et votre courage ont suppléé à tout. La France a retrouvé ses anciennes vertus, et, unie dans un même but comme en un seul sentiment, elle a montré la puissance de ses ressources et la force de son patriotisme. Voici dix jours que les opérations ont commencé, et déjà le territoire piémontais est débarrassé de ses envahisseurs.

« L'armée alliée a livré quatre combats heureux et remporté une victoire décisive, qui lui ont ouvert les portes de la capitale de la Lombardie. Vous avez mis hors de combat plus de trente-cinq mille Autrichiens, pris dix-sept canons, deux drapeaux, huit mille prisonniers ; mais tout n'est pas terminé ; nous aurons encore des luttes à soutenir, des obstacles à vaincre.

« Je compte sur vous. Courage donc, braves soldats de l'armée d'Italie ! Du haut du ciel, vos pères vous contemplent avec orgueil !

« NAPOLÉON.

« Fait au quartier-général de Milan, le 8 juin 1859. »

Puis, enfin, une proclamation du roi Victor-Emmanuel aux peuples de la Lombardie :

« Peuples de la Lombardie !

« La victoire des armées libératrices m'amène au milieu de vous.

« Le droit national restauré, vos vœux établissent l'union avec mon royaume, union qui repose sur la garantie des droits civils.

« La forme provisoire que je donne aujourd'hui au gouvernement est exigée par les nécessités de la guerre.

« Une fois l'indépendance assurée, un gouvernement libre et durable sera fondé.

« Peuples de la Lombardie !

« Les Piémontais ont fait et font de grands sacrifices pour la patrie commune : notre armée, qui accueille dans ses rangs un grand nombre de vaillants volontaires de nos provinces et des autres provinces italiennes, a déjà donné d'éclatantes preuves de sa valeur en combattant victorieusement pour la cause nationale.

« L'Empereur des Français, notre généreux allié, digne du nom et du génie de Napoléon, est venu se mettre lui-même à la tête de l'héroïque armée de cette grande nation, et veut délivrer l'Italie depuis les Alpes jusqu'à l'Adriatique.

« Rivalisant de sacrifices, vous seconderez ces magnanimes efforts sur les champs de bataille, vous vous montrerez dignes des destinées auxquelles l'Italie vous appelle aujourd'hui, après des siècles de souffrances.

« VICTOR-EMMANUEL.

« Du quartier général principal, Milan, 9 juin 1859. »

XV

Pendant que Milan faisait fête ainsi aux armées alliées dans la personne de leurs deux souverains, les Autrichiens, expulsés de cette ville, s'étaient dirigés vers Malegnano et s'y étaient retranchés, un peu démoralisés par leurs défaites successives. L'Empereur envoya alors le maréchal Baraguey d'Hilliers pour les déloger de cette position. Malegnano fut pris. C'était la deuxième fois que ce village était illustré par nos armes. La première fois, le 13 septembre 1515, François Ier ; la deuxième fois, le 8 juin 1859, Napoléon III.

Voici les documents qui constatent ce triomphe.

« Milan, 9 juin 1859, neuf heures du soir.

« *Le major général à S. Exc. M. le ministre de la guerre. — Paris.*

« Après la victoire de Magenta, les Autrichiens ont évacué Milan en toute hâte, laissant dans la citadelle quarante et un canons en bronze, des munitions et des vivres en abondance. Ils se sont mis en pleine retraite sur Lodi et Pavie.

« Le 8, l'Empereur a donné l'ordre au maréchal Baraguey d'Hilliers d'occuper la position de Malegnano (Marignan), d'où nous menacions à la fois deux lignes de retraite de l'ennemi. Mais les Autrichiens, qui avaient compris toute l'importance de Malegnano, pour couvrir leur retraite, avaient profité des restes de fortifications que présente cette ville, et s'y étaient solidement retranchés.

« Le maréchal Baraguey d'Hilliers, arrivé à quatre heures devant la position, l'a fait immédiatement attaquer de front par les divisions Bazaine et Ladmirault, pendant que la division Forey devait la tourner. Ce combat n'a pas duré moins de trois heures.

« L'ennemi a opposé la résistance la plus énergique aux efforts de nos soldats. Enfin, chassé à la baïonnette de retranchement en retranchement, de maison en maison, il s'est retiré vers sept heures, laissant le terrain couvert de ses morts, et abandonnant entre nos mains un canon et un millier de prisonniers.

« Un si beau succès ne pouvait être que chèrement acheté.

« Nous avons eu environ cinquante officiers et huit cents soldats hors de combat.

« Nous apprenons à l'instant que les Autrichiens ont évacué Pavie et Lodi, et repassé l'Adda en détruisant les ponts. »

Puis vient un rapport du maréchal Baraguey d'Hilliers à l'Empereur :

« Malegnano, le 10 juin 1859.

« Sire,

« Votre Majesté m'a donné l'ordre, hier, de me porter avec le premier corps sur la route de Lodi, de chasser l'ennemi de San-Juliano et de Malegnano, en me prévenant que, pour cette opération, elle m'adjoignait le 2ᵉ corps, commandé par le maréchal de Mac-Mahon.

« Je me suis porté immédiatement à San-Donato pour m'entendre avec le maréchal, et nous sommes convenus qu'il attaquerait avec sa première division San-Juliano ; qu'après en avoir débusqué l'ennemi, il se dirigerait sur Carpianello pour passer le Lombro dont les abords sont très difficiles, et que de là il se dirigerait sur Mediglia.

« La 2ᵉ division devait prendre à San-Martino, la route qui, par Trivulzo et Casanova, la conduisait à Bettola et se dirigeait sur la gauche de Mediglia, de manière à tourner la position de Malegnano.

« Il fut convenu que le premier corps se dirigerait tout entier sur la grande route de Malegnano, enverrait à droite, au point indiqué sur la carte « Betolma, » la première division qui, passant par Civesio, Viboldone, irait à Mezzano, établirait sur ce point une batterie de douze pièces pour battre le cimetière et enfiler la route de Malegnano à Lodi ;

« Qu'enfin la 3ᵉ division du même corps se dirigerait directement sur Malegnano et enlèverait la ville, concurremment avec les première et deuxième divisions, dès que le feu de notre artillerie y aurait jeté du désordre.

« La première division, laissant Malegnano sur sa gauche, eut ordre de se porter sur Cerro, la deuxième et la troisième sur Sordio, où elles devaient se mettre en rapport avec le deuxième corps, qui, par Presano et Casalmajocco, s'y dirigerait également.

« Pour que ces combinaisons pussent avoir un plein succès, il fallait que le temps ne manquât pas à leur développement, et, en me prescrivant d'opérer le jour même de mon départ de San-Pietro l'Olmo, Votre Majesté rendait ma tâche plus difficile, car la tête de la troisième division du premier corps ne put entrer en ligne qu'à trois heures et demie, tant la route était embarrassée par les convois des deuxième et quatrième corps. Cependant, à deux heures et demie, je donnai l'ordre au maréchal de Mac-Mahon de marcher sur San-Juliano : il n'y trouva pas l'ennemi, passa le Lombro à gué, quoiqu'un pont fût indiqué sur la carte à Carpianello, et continua son mouvement sur Mediglia.

« A cinq heures et demie, la troisième division du premier corps arriva à environ 1,200 mètres de Malegnano, occupé par l'ennemi, qui avait élevé une barricade à environ 500 mètres en avant sur la route, et avait établi des batteries à l'entrée même de la ville, derrière une coupure, à hauteur des premières maisons. J'ordonnai au général Bazaine de disposer sa division pour l'attaque : un bataillon de zouaves fut jeté en avant et sur les flancs en tirailleurs. L'ennemi nous accueillit par une canonnade qui pouvait devenir dangereuse, parce que ses boulets enfilaient la route sur laquelle nous devions marcher en colonne. Notre artillerie répondit avec succès à celle des Autrichiens, et le général Forgeot, avec deux batteries et les tirailleurs de la première division à Mezzano, appuya sur notre droite l'attaque que nous allions faire. Je fis mettre les sacs à terre et lancer au pas de course sur la batterie ennemie le 2ᵉ bataillon de zouaves, suivi par toute la première brigade. Les Autrichiens avaient garni d'une nuée de tirailleurs les premières maisons de la ville, la coupure de la route et le cimetière, et cependant ils ne purent résister à l'élan de notre attaque, battirent en retraite à droite et à gauche, firent une vigoureuse résistance dans les rues, au château, derrière les haies et les murs des jardins, et furent complétement chassés de la ville à neuf heures du soir.

« La deuxième division, à son arrivée près de Malegnano, prit à gauche de la troisième, suivit la rivière et prit ou tua les ennemis que nous avions déjà chassés du haut de la ville et dépassés. Le maréchal de Mac-Mahon put même envoyer aux Autrichiens des balles et des boulets sur la route de Lodi : il s'était porté, au bruit de notre fusillade, à Colognio.

« La résistance de l'ennemi a été vigoureuse. On s'est plusieurs fois abordé à la baïonnette : dans l'un des retours offensifs des Autrichiens, l'aigle du 33ᵉ, un instant en péril, a été bravement défendue.

« Les pertes de l'ennemi sont considérables : les rues et les terrains avoisinant la ville étaient jonchés de morts; douze cents blessés autrichiens ont été portés à nos ambulances ; nous avons fait de huit à neuf cents prisonniers et pris une pièce de canon. Nos pertes s'élèvent à 943 hommes tués ou blessés ; mais, comme dans tous les engagements précédents, les officiers ont été frappés dans une large proportion : le général Bazaine et le général Goze ont été contusionnés ; le colonel du 1ᵉʳ de zouaves a été tué ; le colonel et le lieutenant-colonel du 33ᵉ ont été blessés ; il y a eu en tout treize officiers tués et quarante-trois officiers blessés.

« J'ai l'honneur d'envoyer à l'Empereur, avec l'état de ces pertes, les propositions faites par les généraux de division et approuvées par moi. Je le prie d'y avoir égard et de traiter le 1er corps avec sa bienveillance habituelle.

« Je lui recommanderai particulièrement le colonel Anselme, mon chef d'état-major, proposé pour général de brigade; le commandant Foy, dont le cheval a été blessé, et qui est proposé pour lieutenant-colonel; le commandant Melin, proposé pour officier de la Légion-d'Honneur; le capitaine de Rambaud, pour lequel j'ai demandé déjà de l'avancement, et M. Franchetti, sous-officier au 1er chasseurs d'Afrique, mon porte-guidon, qui a été blessé à mes côtés.

« Je suis avec respect,
« De Votre Majesté,
« Sire,
« Le très humble et très fidèle sujet,
« Le maréchal,
« Baraguey d'Hilliers. »

Le relevé officiel de nos pertes dans ce combat donne les chiffres suivants : treize officiers tués, quarante-trois blessés; cent quarante-un sous-officiers et soldats tués; six cent soixante-neuf blessés, soixante-quatre disparus : total, neuf cent quarante-trois hommes.

XVI

Palestro, Turbigo, Montebello, Magenta, Marignan ! Ce n'était pas encore assez. Solferino fut le dernier acte de ce grand drame militaire.

Les Autrichiens avaient évacuée Milan. Ils évacuèrent Lodi, Pavie, Plaisance, et repassèrent l'Adda en détruisant les ponts.

En même temps ils se retirèrent de Bologne, de Ferrare et d'Ancône et se concentrèrent dans ce fameux quadrilatère inexpugnable, composé des places de Vérone, de Mantoue, de Legnago et de Peschiera.

Avant d'aller plus loin dans le récit de cette campagne et d'en dire la dernière bataille, il nous paraît bon de faire connaître à nos lecteurs les forteresses qui flanquent aux quatre angles ce célèbre trapèze de la haute Italie.

Peschiera d'abord, assise sur une île, au bord du lac de Garde, à l'endroit où le Mincio sort de ce lac, n'est qu'une place de moyen ordre; mais sa situation exceptionnelle attache à sa possession de nombreux avantages. D'une part, un camp retranché, construit sur la rive droite du Mincio, et pouvant contenir une forte division, lui assure une défense qui a de l'importance. De ce camp on peut menacer le flanc d'une armée qui tenterait le passage de la rivière à Goïto ou Valeggio. Peschiera est, de plus, le port naturel des flottilles que l'un ou l'autre parti peut faire manœuvrer sur le lac de Garde, et à l'aide desquelles il peut opérer des descentes préjudiciables à l'ennemi. Enfin, de cette place, on commande les écluses dont le jeu permet de modifier à volonté le niveau d'eau du Mincio, de rompre les ponts de bateaux qu'on y peut construire, et rend dangereux, par conséquent, le passage de cette rivière sans la possession de Peschiera. Nous voyons, toutefois, que ces importants avantages n'empêchèrent pas le Mincio d'être franchi à diverses reprises : par Bonaparte d'abord en 1796; par Brune ensuite en 1800; par l'armée de Charles-Albert en 1848; par la nôtre enfin au commencement de ce mois. En 1848, une partie de l'armée sarde, commandée par le duc de Gênes, s'empara même de Peschiera après un siège assez court; mais, depuis cette époque, les Autrichiens en ont beaucoup accru et perfectionné les fortifications.

De Peschiera, le Mincio coule successivement à Mozambano, à Borghetto, à Pozzolo, à Goïto, où s'embranchent les deux routes de Brescia à Crémone. Puis il forme deux lacs entre lesquels s'élève la place très forte de Mantoue.

Mantoue est bâtie dans une île formée par le Mincio; cette île est vaste et mesure environ cinquante hectares; en avant et accolé à cette île, un autre îlot de pareille étendue sert de champ de Mars.

Ce fut dans cet îlot, nommé *Thé* ou *Ceresa*, que Wurmser avait établi son armée en 1796.

Les deux îles se trouvent complètement enveloppées par les eaux du Mincio, et sont distantes d'à peu près huit cents mètres de chacune des rives.

On ne pénètre dans Mantoue que par des digues ou chaussées très étroites, au nombre de deux sur la rive gauche et de trois sur la rive droite.

Cinq forts bastionnés défendent ces cinq passages : la fortezza di San-Giorgio à l'est, de Molina du côté de la citadelle, de la Pradella sur la route de Crémone, de la Pietole à l'ouest, et enfin le fort de la route de Ceresa.

Un canal assez large pénètre dans Mantoue par la porte Catena et traverse la ville dans toute sa largeur. Il porte les barques venant du Pô; c'est à l'aide de ce canal de navigation que s'opère tout le transit des marchandises et des céréales.

Mantoue est à cent trente kilomètres de Milan. On évalue sa population à trente mille habitants. C'est une belle ville, bien construite, aux rues larges, aux palais grandioses. A la ville, se rattachent par des ponts fortifiés deux faubourgs : le borgo di Fortezza et le borgo di San-Giorgio.

De tous les ouvrages de défense qui entourent cette place, le plus important est certainement celui de Ceresa.

Le palais de Ceresa a été édifié d'après les plans et dessins de Jules Romain.

L'Empereur Napoléon Ier s'empara de Mantoue en 1796. Il en fit le chef-lieu du département du Mincio. Pendant l'occupation des Français à Man-

CATRIANA.

toue, les fortifications existantes furent consolidées; ils y adjoignirent le fort de Pictole.

On regarde Mantoue comme la clef de l'Italie, plus par l'excellence de sa position topographique que par la force de ses moyens de défense.

« La difficulté n'est pas de prendre Mantoue; c'est de l'aborder, » a dit le maréchal Serrurier.

Après Mantoue et Peschiera, Vérone et Legnago, Vérone, d'abord, comme importance.

Vérone, placée diagonalement par rapport à Mantoue dans le quadrilatère, est peut-être la place la plus forte de cette enceinte redoutable. Il serait hors de propos de nous appesantir plus que nous n'avons fait pour Mantoue sur les mérites pittoresques ou artistiques de la vieille ville vénitienne des Capulets et des Montaigus, cité aux rues étroites et tortueuses, mais bordées de palais et de portes monumentales dessinés par San-Micheli, dont le monument principal est un vaste cirque romain, le mieux conservé de tous ceux d'Italie. Vérone occupe le centre de l'Adige, à douze kilomètres sud-est du lac de Garde et sur les dernières pentes du Montebaldo que dominent les hauteurs célèbres de la Corona et de Rivoli. Une série de collines la défend à l'ouest et y forme une sorte de vaste camp retranché, de forme semi-circulaire, et dont l'Adige est comme la corde rejointe par les deux extrémités de ce camp à Tombetta et à Chievo.

Outre que Vérone commande les routes du Frioul et du Tyrol, elle défend puissamment la ligne de l'Adige, dont l'importance stratégique est connue et appréciée de tous les hommes compétents. Ce fleuve y est très profond et très rapide. Le sol est couvert d'arbres qui protégent les travaux de l'assiégé et nuisent à ceux de l'assiégeant. Une double ceinture de forts détachés, se défendant mutuellement et pouvant se communiquer, entourent la ville; ces forts sont au nombre de vingt, dont huit intérieurs et douze extérieurs. Sur les crêtes des derniers contre-forts des Alpes, sept autres forts dominent les abords du Frioul, en même temps que par les hauteurs de la Corona et de Rivoli la place se relie au Tyrol.

Vérone est de beaucoup la place la plus importante de tout le quadrilatère. C'est de plus une grande ville, et on y compte de cinquante-cinq à soixante mille habitants.

Legnago défend le cours inférieur de l'Adige dont Vérone protége le cours supérieur. Ce n'est qu'une double tête de pont fortifiée sur ce fleuve et une place de moyenne force, à peu près du même ordre que Peschiera ; mais son pont a l'avantage de pouvoir couvrir la retraite d'une armée, et il y a de plus à Legnago, comme à Peschiera et à Mantoue, un système de digues et d'écluses qui permet d'inonder artificiellement les rives de l'Adige inférieur. C'est ce que fit Kray pour repousser Schérer, en 1799.

Les fortifications de Legnago sont dues à Napoléon Ier.

XVII

L'armée franco-italienne continuait ses évolutions, elle aussi. Elle était entrée à Brescia, et avait été acclamée par cette ville héroïque avec un enthousiasme facile à comprendre.

De Brescia, l'Empereur se rendit le 23 juin à Lonato et poussa une reconnaissance jusqu'à Dezenzano sur le lac de Garde, à une très petite distance de Peschiera, où se dirigeaient de leur côté les Piémontais.

Le 24 juin, avait lieu la bataille de Cavriana, ou de Solferino, — comme on voudra l'appeler.

Laissons une dernière fois la parole aux bulletins officiels.

Voici d'abord le rapport à l'Empereur émané du maréchal Baraguey-d'Hilliers, commandant en chef le premier corps :

Pozzolengo, le 25 juin 1859.

Sire,

Votre Majesté m'avait donné l'ordre de me porter, le 24, d'Esenta à Solferino. Je fis partir, à deux heures du matin, par la route de la montagne, la division Ladmirault avec quatre pièces d'artillerie, et par celle de la plaine, à trois heures, les divisions Forey et Bazaine avec leur artillerie, l'artillerie de réserve et les bagages.

A peine la tête de cette dernière colonne était arrivée aux Fontanes, que la division Forey engagea deux compagnies de chasseurs avec l'ennemi, le débusqua sans trop de difficultés des hauteurs du Monte di Valscura, et, avec deux bataillons du 74e, le chassa du village de Grole où la résistance fut plus sérieuse.

A ce moment, la deuxième division, à gauche de la première, était ralliée dans une vallée assez large, bordée des deux côtés de collines élevées s'étendant par les positions successives et étagées jusqu'à Solferino. Le général de Ladmirault disposa sa division en trois colonnes : celle de droite, composée de deux compagnies de chasseurs et de quatre bataillons, confiée à M. le général Douay; celle de gauche, composée comme la première, sous les ordres du général de Négrier, et se réserva la colonne du centre, composée de quatre compagnies de chasseurs, de quatre bataillons et de l'artillerie.

Les divisions Forey et Ladmirault s'avancèrent parallèlement sur Solferino : la première à droite, attaquant le mont Fenile ; la deuxième à gauche, enlevant à l'ennemi les premiers mamelons boisés de sa position.

L'occupation du mont Fenile par le 84ᵉ permit à la 6ᵉ batterie du 8ᵉ régiment de s'y établir et de protéger le mouvement de la 1ʳᵉ brigade, commandée par le général Dieu, qui descendit le revers du mont Fenile et se porta dans la direction de Solferino en chassant de crête en crête les troupes ennemies, dont le nombre s'accroissait sans cesse. Cette brigade prit position devant des forces supérieures, et dirigea le feu de son artillerie sur les hauteurs couronnées par une tour et un bois de cyprès. Ce fut pendant cette canonnade que le général Dieu, gravement blessé, dut remettre son commandement à M. le colonel Gambriels, du 84ᵉ.

Votre Majesté arriva elle-même près des batteries de la division Forey, et, après avoir examiné la position, donna l'ordre de porter en avant, avec quatre pièces de la réserve du premier corps, la brigade d'Alton, déployée par bataillon, à demi-distance en colonne par peloton. Le général Forey se mit à la tête de cette brigade qui s'avança avec élan, mais qui fut accueillie par un feu de mitraille et de mousqueterie si violent de front et d'écharpe, qu'elle dut arrêter son mouvement. Votre Majesté envoya aussitôt la brigade Manèque, des voltigeurs de la garde, soutenir la 1ʳᵉ division, qui, ranimée par ce secours, battit la charge, se reporta en avant, attaqua l'ennemi au cri de « Vive l'Empereur! » et, après une lutte opiniâtre, s'empara du mamelon aux Cyprès et de la tour qui domine Solferino.

La division Ladmirault avait commencé son attaque en même temps que la division Forey; elle mit d'abord son artillerie en batterie, et, après une canonnade qui avait ébranlé l'ennemi, elle s'élança et enleva à la baïonnette les premières positions; mais bientôt, ses charges firent démasquer des bataillons entiers fournissant le feu le plus serré et le plus meurtrier et elle n'avança plus qu'à grand'peine et pied à pied. Le général de Ladmirault fut atteint d'un coup de feu à l'épaule, se retira un instant pour se faire panser, reprit le commandement et lança ses quatre bataillons de réserve qui imprimèrent à notre attaque une nouvelle impulsion: frappé d'une nouvelle balle, le général de Ladmirault fut contraint de remettre son commandement au général de Négrier. L'opiniâtre résistance de l'ennemi, les forces considérables qu'il nous opposait, les difficultés que présentaient à la 2ᵉ division le terrain très rétréci des attaques et les feux croisés du mamelon aux Cyprès et du cimetière crénelé contre lequel plusieurs charges au pas de course avaient vainement été tentées, me forcèrent à engager la division Bazaine. Le 1ᵉʳ régiment de zouaves et bientôt après le 34ᵉ vinrent appuyer la 2ᵉ division: l'ennemi couvrit nos colonnes de feux d'artillerie, de mousqueterie et de fusées, et tenta à plusieurs reprises des retours offensifs sur nos deux flancs. Le 37ᵉ fut aussi lancé en avant.

Le cimetière arrêtait tous nos efforts; voyant qu'il était indispensable de démolir cet obstacle, je donnai l'ordre d'y faire brèche en portant à découvert, à trois cents mètres du mur, dans un poste très périlleux, une batterie d'artillerie du 10ᵉ régiment, commandée par M. le capitaine de Canecaude. La demi-batterie de montagne et d'autres pièces des divisions concentrèrent leur tir dans la même direction. Après un feu bien dirigé et très nourri, les murs du cimetière, des maisons et du château étant suffisamment ébréchés, et l'artillerie ennemie du mamelon des Cyprès ayant été éteinte par l'artillerie du général Forey et par la 9ᵉ batterie du 10ᵉ régiment de la 3ᵉ division, le général Bazaine lança sur le cimetière le 3ᵉ bataillon du 78ᵉ, commandé par le chef de bataillon Lafaille, et fit sonner et battre la charge dans les deux divisions: toutes les troupes s'élancèrent et emportèrent le village et le château au moment même où la 1ʳᵉ division apparaissait sur le sommet de la tour et au bois des Cyprès.

Je crois remplir un devoir en rendant témoignage de la bravoure et de la fermeté de la brigade de la garde que Votre Majesté a envoyée soutenir la 1ʳᵉ division dans un moment difficile; une batterie de la garde, conduite par M. le général Le Bœuf, et lançant dans le village une grêle d'obus, a puissamment secondé notre attaque.

Le premier corps a tué à l'ennemi huit cents ou mille hommes environ, lui a blessé beaucoup de monde, lui a fait douze cents prisonniers, pris quatre canons, deux caissons et deux drapeaux. Il n'a pas obtenu ce succès sans éprouver des pertes regrettables. Les généraux de Ladmirault et Dieu ont été blessés dangereusement; le général Forey légèrement. Les colonels de Taxis, Brincourt, Pinard et Barry ont été blessés, ainsi que les lieutenants-colonels Valet, Moire, Hémar et Servier. Le lieutenant-colonel Ducoin et les chefs de bataillon Kléber, de Saint-Paër, Angevin et Guillaume ont été tués. Les chefs de bataillon Brun, Meuriche, de Pontgibaud, Lebreton, Laguerre, Lesèble, Moquery, Gouzy, Lespinasse et Foy ont été blessés. Le nombre des officiers hors de combat est de deux cent trente-quatre, et celui des soldats tués ou blessés s'élève à quatre mille environ.

J'ai adressé à Votre Majesté des mémoires de proposition, non-seulement pour pourvoir aux emplois vacants, mais encore pour les récompenses à accorder à de braves soldats qui ont bien mérité de la patrie et de l'Empereur dans cette grande journée où les deux armées se sont rencontrées sur un vaste terrain dont Solferino occupait au centre un des points du plus difficile accès. Votre Majesté, qui était elle-même sur le lieu du combat, a vu et apprécié les obstacles que le 1ᵉʳ corps a eus à vaincre, les forces nombreuses que l'ennemi lui a opposées, et la ténacité de la défense, augmentée encore, dit-on, par la présence du général en chef autrichien à Solferino.

Après la prise du village, les troupes étaient à peine reformées que, sur l'ordre de Votre Majesté, la 1re division s'est portée sur les crêtes dans la direction de Cavriana; la 3e division a poursuivi l'ennemi pendant une lieue dans la plaine, et, couvrant du feu de ses batteries les colonnes autrichiennes en retraite, leur a fait éprouver de grandes pertes et capturé de nombreux prisonniers. Parties d'Essenta à deux et trois heures du matin, mes divisions n'ont pris leurs bivouacs qu'à neuf heures du soir.

Pendant le combat et au plus fort du feu, vers midi, nous aperçûmes quatre colonnes autrichiennes qui cherchaient à tourner la droite de l'armée piémontaise; six pièces d'artillerie, dirigées par M. le général Forgeot, forcèrent, par un feu très juste et très vif, ces colonnes à rebrousser chemin en désordre.

Je ne saurais assez louer le zèle et la vigueur de tous les officiers des divisions du 1er corps et de l'état-major général, et particulièrement des généraux Forey, de Ladmirault, Bazaine et Forgeot. Je m'abstiens de faire des citations individuelles, parce qu'elles seraient trop nombreuses; je dois aux officiers de toutes les armes ce tribut d'éloges bien mérités; et si parmi eux le chiffre des tués et des blessés dans ce rude combat est au-dessus de la proportion ordinaire, c'est que tous ont payé largement de leur personne, heureux de donner ainsi à l'Empereur une nouvelle preuve de leur dévoûment.

Je suis avec respect, Sire, de Votre Majesté le très humble et très fidèle sujet,

Le maréchal,
BARAGUEY D'HILLIERS.

Voici maintenant le rapport du maréchal Mac-Mahon, duc de Magenta, commandant en chef le 2e corps.

Au quartier général, à Cavriana, le 26 juin 1859.

Sire,

Conformément aux ordres de Votre Majesté, le 2e corps a quitté Castiglione le 24 au matin, pour aller occuper Cavriana. Il a débouché de Castiglione vers trois heures, marchant sur une seule colonne, par la route de Mantoue, afin de ne pas gêner les mouvements des 1er et 4e corps, qui marchaient sur ses flancs en arrière de lui.

Il devait quitter la route de Mantoue à environ six kilomètres de Castiglione et se porter sur Cavriana, par le chemin de San Cassiano.

Vers quatre heures, je fus prévenu par le général Gaudin de Villaine, qui éclairait ma marche, que l'ennemi était devant moi, à peu de distance, sur la route même que je suivais.

A cinq heures, la fusillade s'engageait entre mes tirailleurs et ceux de l'ennemi qui occupaient la ferme de Casa-Marino.

Je me portai de ma personne à Monte Medolano qui est près de cette ferme, et de cette éminence je pus me convaincre que j'allais avoir affaire à des masses ennemies avec lesquelles il fallait compter.

A cette même heure (cinq heures) j'entendais un vif engagement sur ma gauche, entre Castiglione et Solferino.

C'était le maréchal Baraguey d'Hilliers qui, dans sa marche sur ce dernier point, se trouvait aux prises avec l'ennemi.

Du côté de Cavriana, j'apercevais un grand mouvement de troupes ennemies venant couronner successivement toutes les hauteurs qui s'étendent entre Solferino et Cavriana.

La situation dans laquelle je me trouvais méritait réflexion. Je sentais la nécessité de me porter aussitôt que possible sur le canon du maréchal Baraguey d'Hilliers; mais, d'un autre côté, je ne pouvais dégarnir la plaine et marcher sur Solferino ou sur Cavriana sans courir le risque de permettre à l'ennemi de couper l'armée en deux, en débouchant dans cette même plaine par la route de Mantoue à Guidizzolo, entre les 3e et 4e corps et moi.

J'étais sans nouvelles du général Niel et je sentais toute l'importance de me maintenir dans la position où je me trouvais, et de savoir, avant de faire un mouvement, s'il était à même de me soutenir en occupant la ligne qui s'étend de Medole à Guidizzolo.

Vers six heures, je ne voyais point encore les colonnes du général Niel du côté de Medole. J'envoyai mon chef d'état-major général dans cette direction, afin de savoir où en était le mouvement du 4e corps sur Guidizzolo.

Le général Lebrun arriva à Medole au moment même où le 4e corps attaquait ce village, où l'ennemi s'était établi fortement.

Le général Niel, prévenu de l'intention que j'avais de me porter vers le 1er corps, me fit connaître que, dès qu'il aurait enlevé Medole, il se rapprocherait aussi vite que possible de ma droite, afin de me permettre d'exécuter mon mouvement sur Cavriana. Il me prévenait en même temps qu'il ne pourrait me rejoindre avant que le 3e corps n'eût fait sa jonction avec lui pour appuyer sa droite.

Vers huit heures et demie, m'apercevant que les forces de l'ennemi augmentaient sur mon front dans la plaine de Guidizzolo, je fis attaquer la ferme de Casa-Marino pour porter ma tête de colonne à hauteur de cette ferme, d'où je devais mieux juger les mouvements et les forces de l'ennemi.

Je pris alors les dispositions suivantes :

La 2ᵉ division, qui marchait en tête du corps d'armée, fut déployée en avant de la ferme, perpendiculairement à la route de Mantoue, sa droite à cette route. A sa hauteur et prolongeant la ligne de bataille, je fis placer la 1ʳᵉ brigade de la 1ʳᵉ division, sa gauche à la même route, sa droite se dirigeant vers Medole, par où devait venir le corps du général Niel.

La 2ᵉ brigade de la 1ʳᵉ division, formant la réserve du corps d'armée, fut établie en arrière de Casa-Marino, vers la ferme de Barcaccia, pour tenir tête aux colonnes de cavalerie qui, de San Cassiano, menaçaient de faire une trouée entre le 1ᵉʳ et le 2ᵉ corps. La cavalerie de réserve (7ᵉ régiment de chasseurs) couvrit de ce même côté la gauche de ma 2ᵉ division.

A peine ces dispositions étaient-elles prises, qu'une forte colonne autrichienne, venant de Guidizzolo par la route de Mantoue, s'avança sur Casa Marino. Elle était précédée d'une nombreuse artillerie qui vint se mettre en batterie à mille ou douze cents mètres en avant de mon front.

Les quatre batteries d'artillerie des 1ʳᵉ et 2ᵉ divisions (12ᵉ du 7ᵉ, 11ᵉ du 11ᵉ, 2ᵉ du 9ᵉ et 13ᵉ du 18ᵉ) se portèrent immédiatement sur la ligne des tirailleurs et ouvrirent un feu très vif, qui força bientôt l'artillerie ennemie à se reporter en arrière, après avoir vu sauter deux de ses caissons. C'est au commencement de ce combat d'artillerie contre artillerie que le général Auger eut le bras gauche emporté par un boulet.

Sur ces entrefaites, on me signalait les divisions de cavalerie Partouneaux et Desvaux, arrivant en arrière de la droite de ma ligne de bataille. Je les fis prévenir de se porter rapidement à hauteur de ma droite, de manière à occuper l'espace laissé libre jusque-là entre Medole et Monte Medolano.

Mes batteries à cheval de ces deux divisions se déployèrent en avant de leur front, et prirent d'écharpe l'artillerie ennemie, déjà battue de front par le canon de mes divisions. Les généraux Partouneaux et Desvaux exécutèrent plusieurs charges heureuses. Dans l'une d'elles, six cents hommes d'infanterie furent rejetés sur nos tirailleurs, qui les firent prisonniers.

Pendant que ceci se passait sur ma droite, une colonne, composée de deux régiments de cavalerie, cherchait à tourner ma gauche, qui était soutenue par deux escadrons du 4ᵉ chasseurs et quatre escadrons du 7ᵉ chasseurs, commandés par le colonel Savaresse. Notre cavalerie repoussa vigoureusement trois charges de l'ennemi, et le rejeta, dans le plus grand désordre, sur les bataillons de gauche de la 2ᵉ division (11ᵉ bataillon de chasseurs, 72ᵉ de ligne), qui s'étaient formés en carré. L'ennemi laissa sur le terrain un grand nombre de chevaux tués ou blessés. Nos chasseurs ramenèrent plusieurs prisonniers, parmi lesquels un officier supérieur et une trentaine de chevaux tout harnachés.

Grâce à ces charges heureuses, grâce au feu de mon artillerie, je pus maintenir partout l'ennemi à bonne distance, et attendre, non sans une certaine impatience, l'entrée en ligne du 4ᵉ corps.

Vers onze heures seulement, je reçus du général Niel l'avis qu'il était en mesure de marcher directement sur Cavriana. J'ordonnai au général de La Motterouge de se porter, avec sa division disposée sur deux lignes, vers Solferino, où il devait faire jonction avec l'infanterie de la garde impériale qui marchait sur ce point. Le général Decaen devait suivre son mouvement.

En ce moment (deux heures et demie), la division de cavalerie de la garde impériale était mise à ma disposition par ordre de Votre Majesté.

J'ordonnai au général Morris de se porter dans l'intervalle qui séparait ma droite des divisions Partouneaux et Desvaux, et de se former en arrière en échelons dès que le 2ᵉ corps se reporterait en avant. De cette manière, il devait me relier avec le quatrième corps.

Ces dispositions prises, et dès que la division La Motterouge eut fait sa jonction avec les voltigeurs de la garde, tout le 2ᵉ corps fit, dans chaque bataillon, tête de colonne à droite pour se porter sur San Cassiano et sur les autres positions que l'ennemi occupait dans la plaine.

Le village de San Cassiano fut tourné à droite et à gauche, et enlevé en un instant, avec un élan irrésistible, par les tirailleurs indigènes et par le 45ᵉ de ligne.

Les tirailleurs algériens appuyèrent ensuite à gauche pour se porter sur le contre-fort principal qui relie Cavriana à San Cassiano.

Ce contre-fort était fortement défendu par l'ennemi, qui avait réuni sur ce point des forces considérables. Le premier mamelon, sur lequel se trouvait une espèce de redoute, fut enlevé par les tirailleurs. Mais en ce moment je m'aperçus que l'ennemi faisait un nouvel effort pour se jeter entre ma droite et le général Niel, et que, d'un autre côté, la colonne qui était à ma gauche n'arrivait pas encore à ma hauteur.

Je dus donc faire arrêter un moment le mouvement général en avant.

L'ennemi réunit alors de grandes forces entre Cavriana et la redoute occupée par les tirailleurs, puis il fit tout-à-coup un vigoureux retour offensif qui les obligea à quitter cette position. Un bataillon du 45ᵉ et une partie du 72ᵉ commandés par le colonel Castex, vinrent alors en aide aux tirailleurs, qui reprirent la redoute, où ils durent également s'arrêter d'après l'ordre donné.

Le 45ᵉ et le 72ᵉ de ligne prirent position plus en arrière.

Bientôt l'ennemi fit un nouvel effort sur les tirailleurs et les força une seconde fois à quitter la position.

J'ordonnai alors au général de La Motterouge de soutenir cette colonne avec sa brigade de réserve (65ᵉ et 70ᵉ de ligne), et je prescrivis à tout le corps d'armée de se porter en avant dès que notre attaque de gauche recommencerait.

Dès que le général de La Motterouge eut rejoint les tirailleurs et le 45ᵉ, toute la colonne se porta en avant.

Elle fut soutenue dans ce mouvement par un bataillon de grenadiers, et un peu en arrière par le reste de la brigade de la garde, commandée par le général Niel.

Toutes les positions furent successivement enlevées jusqu'à Cavriana, où les tirailleurs indigènes entrèrent en même temps que les voltigeurs de la garde, qui y arrivèrent par le chemin de Solferino.

La division Decaen suivit le mouvement et chassa l'ennemi de plusieurs fermes qui se trouvaient devant elle dans la plaine.

La cavalerie de la garde qui, sous les ordres du général Morris, flanquait notre extrême droite pendant tout le mouvement, était formée en trois échelons.

Le premier, composé des chasseurs et des guides, avait sa gauche appuyée à la droite de la division Decaen; les deux autres, situés un peu plus en arrière, se reliaient avec le général Desvaux.

Vers trois heures, le général Morris fit charger en flanc, par le général Cassaignoles, une colonne de cavalerie autrichienne qui menaçait de tourner sa droite.

Un peu plus tard, un régiment de cavalerie ennemie chercha à repousser un escadron de chasseurs de la garde, qui formait une ligne de tirailleurs conduite d'une manière remarquable par le commandant de La Vigerie. L'ennemi prit sa direction, sans s'en douter, sur le 11ᵉ bataillon de chasseurs à pied, qui était formé en carré dans un chemin creux et dans les blés, d'où il ne pouvait être aperçu.

Ce bataillon se leva tout-à-coup et fit feu de deux de ses faces. La cavalerie ennemie fit aussitôt demi-tour et se retira en désordre, prise alors en flanc par une batterie de la 2ᵉ division et par une batterie de la garde.

Vers six heures et demie, l'ennemi était en retraite dans toutes les directions, ayant éprouvé de très grandes pertes, à en juger par le nombre des cadavres qu'il avait laissés sur le terrain.

La 1ʳᵉ division bivouaqua alors sur le contre-fort situé en arrière de Cavriana, et la 2ᵉ division resta en bataille dans la plaine, de manière à faciliter la jonction du 4ᵉ corps avec le 2ᵉ.

Je n'ai pas besoin de dire ici si les troupes du 3ᵉ corps ont combattu vaillamment pendant cette longue journée. Votre Majesté a pu juger elle-même de leur élan irrésistible pendant les diverses phases de la bataille. Elle a vu de ses propres yeux comment elles ont su, à la fin de la journée, pour couronner la victoire, enlever les positions si difficiles de Cavriana et battre l'ennemi sur les hauteurs, où il a essayé vainement de tenir devant elles.

Nos pertes ont été malheureusement très sensibles : il n'en pouvait être autrement.

Au début de la bataille, le général Auger, commandant l'artillerie du 2ᵉ corps, a eu le bras gauche emporté par un boulet.

Le colonel Douay, du 70ᵉ de ligne, le colonel Laure et le lieutenant-colonel Herment, du régiment de tirailleurs, ont été tués bravement à la tête de leurs troupes.

Parmi les corps qui ont le plus souffert, je citerai : le régiment des tirailleurs, qui a eu sept officiers tués et vingt-deux officiers blessés ; le 72ᵉ de ligne, qui a eu cinq officiers tués et dix-neuf officiers blessés ; le 45ᵉ de ligne, déjà si éprouvé à Magenta, a eu vingt officiers mis hors de combat dans la journée du 24 juin.

En résumé, dans cette rude journée, le 2ᵉ corps a eu : dix-neuf officiers tués, quatre-vingt-quinze officiers blessés, cent quatre-vingt-douze soldats tués, douze cent soixante-six blessés et trois cents disparus. (Ce dernier chiffre, qui était de cinq cents hier, diminue d'heure en heure, par suite de la rentrée à leur corps d'hommes fatigués qui n'avaient pu suivre.)

Je ne fais pas en ce moment de citations particulières à Votre Majesté ; je me réserve d'appeler ultérieurement toute sa bienveillante sollicitude sur ceux qui, braves entre tous, ont mérité d'être proposés pour des récompenses.

J'ai l'honneur d'être avec respect, Sire, de Votre Majesté le très humble et très obéissant serviteur et sujet,

Le maréchal commandant en chef le 2ᵉ corps,

DE MAC-MAHON, duc de MAGENTA.

Puis le rapport du maréchal Canrobert :

Bivouac de Rebecco, le 25 juin 1859.

Sire,

En rendant compte à Votre Majesté dès hier soir des opérations auxquelles le 3ᵉ corps a pris part dans la journée du 24 juin courant, je n'ai pu fournir à l'Empereur que des indications sommaires, en l'absence de renseignements transmis par les généraux commandant les divisions : les rapports que je reçois aujourd'hui me permettent d'entrer dans des détails plus précis.

Parti de Mezzane le 24 juin, à deux heures et demie du matin, en me dirigeant sur Medole, conformément aux ordres de l'Empereur, j'ai effectué le passage de la Chiese à Visano, sur un pont jeté pendant la nuit par le génie piémontais. J'avais prescrit la veille au soir à la brigade Jannin, de la division Renault, de se porter sur ce point pour protéger l'opération. A sept heures, ma tête de colonne arrivait à Castelgoffredo, et les renseignements recueillis par mon avant-garde m'apprenaient que la cavalerie ennemie était encore dans cette petite ville, ancienne place ceinte d'une muraille et munie de portes qui avaient été barricadées. Le général Jannin, à la tête d'un bataillon du 56e, reçut l'ordre de tourner la position et de se diriger au sud de la ville pour y pénétrer par la porte de Mantoue. Le général Renault se plaça à la tête des troupes qui devaient attaquer de front, et la porte du côté d'Acqua Fredda fut abattue à coups de hache par le génie. Les hussards du 2e régiment, composant mon escorte, sous la vigoureuse impulsion de leur chef, le capitaine commandant Lecomte, se ruèrent sur un piquet de hussards autrichiens qui se trouvait dans la ville et le sabrèrent. Ces cavaliers ont fait preuve d'un grand élan ; ils ont eu plusieurs blessés et ont tué et blessé quelques hommes à l'ennemi.

A neuf heures un quart, le 3e corps est arrivé à hauteur de Medole. En entrant dans ce village, j'ai appris que le 4e corps était engagé en avant de moi. L'aile droite de ce corps, commandée par le général de Luzy, avait dû soutenir des attaques très sérieuses, et, menacée d'être tournée, elle demandait instamment à être appuyée.

Le général commandant le 4e corps m'adressait également plusieurs officiers pour me demander d'envoyer des renforts sur son centre qui avait eu beaucoup à souffrir. A ce moment même je recevais de l'Empereur communication d'une lettre par laquelle on annonçait qu'un corps de vingt-cinq à trente mille hommes était sorti de Mantoue par la porte de Pradella dans la journée d'hier 23, et que ses avant-postes étaient au village d'Acqua Negra. Ces renseignements étaient du reste corroborés par le général de Luzy qui annonçait avoir vu une colonne considérable passer de sa gauche vers sa droite, par les renseignements émanant de gens du pays, enfin par une indication consistant en une longue traînée de poussière se dirigeant du côté d'Azola vers Acqua Fredda.

Pour faire face aux exigences de la situation, je m'empressai d'envoyer le général Renault, avec six bataillons, soutenir le général de Luzy sur la route de Ceresara. Le 41e prit position à deux kilomètres de Medole, à cheval sur la Seriola Marchionole. Le 56e fut placé en retour, faisant face à Castelgoffredo, de manière à surveiller le mouvement tournant annoncé de la part de l'ennemi. Une section d'artillerie se mit en batterie sur la route à hauteur des tirailleurs, et fit feu sur les colonnes autrichiennes qui se dirigeaient sur notre droite. Cette disposition permit à la division de Luzy d'appuyer à gauche, vers le centre du général Niel, et, vers une heure de l'après-midi, les attaques sur Rebecco paraissant plus menaçantes, j'appelai la totalité de la division Renault, moins deux bataillons du 23e de ligne que je laissai à la garde de Medole. La division fut alors établie sur la droite et la gauche de la Seriola, se reliant fortement à la droite du 4e corps, qu'elle suivit dans un mouvement prononcé que ce dernier dut faire vers la gauche.

Une partie de la division Renault se trouva donc, par suite de ce mouvement, à hauteur de Rebecco, sur lequel durent se porter un bataillon du 56e, le 90e avec deux compagnies du 8e bataillon de chasseurs à pied et une section d'artillerie. Cette attaque fut dirigée de la manière la plus énergique par le colonel Guilhem du 90e et le commandant Schwartz, du 56e. Cette colonne arriva en ligne au moment où le 73e (division de Luzy), débordé sur sa droite, était menacé d'être tourné : une vigoureuse charge à la baïonnette du 56e, dirigée par le commandant Schwartz, eut un plein succès, et plus tard, vers les cinq heures, cette portion de la division Renault occupait le village de Rebecco.

Le 3e corps avait, en raison des éventualités qui pouvaient se produire sur sa droite, disposé d'une partie déjà bien importante de ses forces, et cependant de nouvelles demandes lui étaient adressées instamment afin d'appuyer le centre du 4e corps sur lequel l'ennemi faisait, comme sur la droite, un effort désespéré. Supposant que la division Bourbaki, ainsi que la brigade Collineau de la division Trochu, seraient suffisantes pour repousser le corps ennemi annoncé de Mantoue, j'envoyai le général Trochu avec la brigade Bataille de sa division au général Niel, pour être placé entre les divisions de Failly et Vinoy, du 4e corps.

A quatre heures cette brigade entrait en ligne, les bataillons en colonne serrée par division, dans l'ordre en échiquier que je leur prescrivis sur le terrain, l'aile gauche refusée et l'artillerie à portée d'agir efficacement. Ce renfort permettait au général Niel de prononcer un mouvement offensif qui a d'abord repoussé l'ennemi ; mais celui-ci ayant opéré un retour, la brigade Bataille a été lancée de nouveau, et, conduite avec un admirable entrain par le général Trochu, a refoulé définitivement l'ennemi, qui n'a pas reparu.

Dans cette marche rapide fournie jusqu'à la route de Ceresara, le 44e, formant l'aile droite, a été un instant débordé par l'ennemi ; mais, sur l'ordre du général Bataille, dont je ne saurais trop louer le courage et le sangfroid, les deux derniers bataillons, vigoureusement conduits par le colonel Pierson et le commandant Coudanien, ont fait face à droite, marché rapidement sur la Tuilerie, et serré de si près l'ennemi qu'ils lui ont fait des prisonniers et l'ont forcé à abandonner deux pièces qui ont été prises.

Le 43e de ligne, dont un bataillon s'est trouvé un instant très sérieusement engagé, a montré une grande solidité. J'ai le regret d'annoncer à l'Empereur que son chef, le colonel Broutta, a été mortellement blessé. Le 19e bataillon de chasseurs à pied s'est également distingué par son élan. Pour soutenir le mouvement de la brigade Bataille, j'avais prescrit au général Courtois d'Hurbal de faire avancer son artillerie de réserve, qui était venue prendre position.

J'avais envoyé le colonel Besson, mon chef d'état-major général, sur la route de Medole à Castelgoffredo, pour s'assurer si les reconnaissances du général Bourbaki avaient pu faire découvrir quelque chose des projets de l'ennemi au sujet du mouvement tournant annoncé. De forts détachements de uhlans, appuyés par de l'artillerie légère, avaient pu faire croire à la réalisation de cette attaque, à laquelle il était indispensable de parer; mais, comme il avait été constaté à plusieurs reprises qu'aucun corps d'infanterie ne paraissait derrière la cavalerie, je crus pouvoir laisser la brigade Collineau, de la division Trochu, seule, pour couvrir Medole et faire entrer en ligne la division Bourbaki. A partir de ce moment, notre position était entièrement assurée.

La part prise par le général Trochu au succès de la journée mérite d'être signalée tout spécialement et fait le plus grand honneur à cet officier général, qui se loue beaucoup de son aide-de-camp le capitaine Capitan, lequel a eu un cheval tué sous lui.

Les pertes éprouvées par les troupes du 3e corps engagées dans la bataille du 24 juin, s'élèvent à deux cent cinquante tués ou blessés, parmi lesquels trois officiers tués et douze blessés.

De Votre Majesté, Sire, le très fidèle sujet,

Le maréchal,

CANROBERT.

A la suite de ces rapports et pour les compléter, nous croyons devoir donner le bulletin officiel de la bataille de Solferino. Le lecteur saisira mieux l'ensemble des opérations qui ont signalé cette grande journée.

BULLETIN DE LA BATAILLE DE SOLFERINO.

Quartier général de Cavriana, 28 juin 1859.

Après la bataille de Magenta et le combat de Malegnano, l'ennemi avait précipité sa retraite sur le Mincio en abandonnant l'une après l'autre les lignes de l'Adda, de l'Oglio et de la Chiese. On devait croire qu'il allait concentrer toute sa résistance derrière le Mincio, et il importait que l'armée alliée occupât le plus tôt possible les points principaux des hauteurs qui s'étendent de Lonato jusqu'à Volta, et qui forment au sud du lac de Garde une agglomération de mamelons escarpés. Les derniers rapports reçus par l'Empereur indiquaient, en effet, que l'ennemi avait abandonné ces hauteurs et s'était retiré derrière le fleuve.

D'après l'ordre général donné par l'Empereur le 23 juin au soir, l'armée du roi devait se porter sur Pozzolengo; le maréchal Baraguey d'Hilliers sur Solferino; le maréchal duc de Magenta sur Cavriana; le général Niel sur Guidizzolo, et le maréchal Canrobert sur Medole. La garde impériale devait se diriger sur Castiglione, et les deux divisions de cavalerie de la ligne devaient se porter dans la plaine entre Solferino et Medole. Il avait été décidé que les mouvements commenceraient à deux heures du matin, afin d'éviter l'excessive chaleur du jour.

Cependant, dans la journée du 23, plusieurs détachements ennemis s'étaient montrés sur différents points, et l'Empereur en avait reçu avis; mais comme les Autrichiens ont l'habitude de multiplier les reconnaissances, Sa Majesté ne vit dans ces démonstrations qu'un exemple de plus du soin et de l'habileté qu'ils mettent à s'éclairer et à se garder.

Le 24, dès cinq heures du matin, l'Empereur, étant à Montechiaro, entendit le bruit du canon dans la plaine, et se dirigea en toute hâte vers Castiglione, où devait se réunir la garde impériale.

Pendant la nuit, l'amée autrichienne, qui s'était décidée à prendre l'offensive, avait passé le Mincio à Goïto, Valeggio, Mozambano et Peschiera, et elle occupait de nouveau les positions qu'elle venait tout récemment d'abandonner. C'était le résultat du plan dont l'ennemi avait poursuivi l'exécution depuis Magenta, en se retirant successivement de Plaisance, de Pizzighettone, de Crémone, d'Ancône, de Bologne et de Ferrare; en évacuant, en un mot, toutes les positions, pour accumuler ses forces sur le Mincio. Il avait, en outre, accru son armée de la plus grande partie des troupes composant les garnisons de Vérone, de Mantoue et de Peschiera; et c'est ainsi qu'il avait pu réunir neuf corps d'armée, forts ensemble de 250 à 270,000 hommes, qui s'avançaient vers la Chiese, en couvrant la plaine et les hauteurs. Cette force immense paraissait s'être partagée en deux armées: celle de droite, d'après les notes trouvées, après la bataille, sur un officier autrichien, devait s'emparer de Lonato et de Castiglione; celle de gauche devait se porter sur Montechiaro. Les Autrichiens croyaient que toute notre armée n'avait pas encore passé la Chiese, et leur intention était de nous rejeter sur la rive droite de cette rivière.

Les deux armées, en marche l'une contre l'autre, se rencontrèrent donc inopinément. A peine les maréchaux Baraguey d'Hilliers et de Mac-Mahon avaient-ils dépassé Castiglione, qu'ils se trouvèrent en présence de forces considérables qui leur disputèrent le terrain. Au même instant, le général Niel se heurtait contre l'ennemi à la hauteur de Medole. L'armée du roi, en route pour Pozzolengo, rencontrait de même les Autrichiens en avant de Rivoltella, et, de son côté, le maréchal Canrobert trouvait le village de Castelgoffredo occupé par la cavalerie ennemie.

Tous les corps de l'armée alliée étant alors en marche à une assez grande distance les uns des autres, l'Empereur se préoccupa tout d'abord de les relever afin qu'ils pussent se soutenir mutuellement. A cet effet, Sa Majesté se porta immédiatement auprès du maréchal duc de Magenta, qui était à droite dans la plaine et qui s'était déployé perpendiculairement à la route qui va de Castiglione à Goïto.

Comme le général Niel ne paraissait pas encore, Sa Majesté fit hâter la marche de la cavalerie de la garde impériale et la mit sous les ordres du duc de Magenta, comme réserve, pour opérer dans la plaine sur la droite du 2ᵉ corps. L'empereur envoya en même temps au maréchal Canrobert l'ordre d'appuyer le général Niel autant que possible, tout en lui recommandant de se garder à droite contre un corps autrichien qui, d'après les avis donnés à Sa Majesté, devait se porter de Mantoue sur Azola.

Ces dispositions prises, l'Empereur se rendit sur les hauteurs, au centre de la ligne de bataille, où le maréchal Baraguey d'Hilliers, trop éloigné de l'armée sarde pour pouvoir se rallier à elle, avait à lutter, dans un terrain des plus difficiles, contre un ennemi qui se renouvelait sans cesse.

Le maréchal était néanmoins arrivé jusqu'au pied de la colline abrupte au pied de laquelle est bâti le village de Solferino, que défendaient des forces considérables retranchées dans un vieux château et dans un grand cimetière, entourés l'un et l'autre de murs épais et crénelés. Le maréchal avait déjà perdu beaucoup de monde et avait dû payer plus d'une fois de sa personne en portant lui-même en avant les troupes des divisions Bazaine et Ladmirault. Exténuées de fatigue et de chaleur, et exposées à une vive fusillade, ces troupes ne gagnaient du terrain qu'avec beaucoup de difficulté.

En ce moment, l'Empereur donna l'ordre à la division Forey de s'avancer, une brigade du côté de la plaine, l'autre sur la hauteur, contre le village de Solferino, et la fit soutenir par la division Camou, des voltigeurs de la garde. Il fit marcher avec ces troupes l'artillerie de la garde, qui, sous la conduite du général de Sevelinges et du général Le Bœuf, alla prendre position à découvert, à trois cents mètres de l'ennemi. Cette manœuvre décida du succès au centre.

Pendant que la division Forey s'emparait du cimetière et que le général Bazaine lançait ses troupes dans le village, les voltigeurs et les chasseurs de la garde impériale grimpaient jusqu'au pied de la tour qui domine le château et s'en emparaient. Les mamelons des collines qui avoisinent Solferino étaient successivement enlevés, et, à trois heures et demie, les Autrichiens évacuaient la position sous le feu de notre artillerie couronnant les crêtes, et laissaient entre nos mains quinze cents prisonniers, quatorze canons et deux drapeaux. La part de la garde impériale dans ce glorieux trophée était de treize canons et un drapeau.

Pendant cette lutte et au plus fort du feu, quatre colonnes autrichiennes, s'avançant entre l'armée du roi et le corps du maréchal Baraguey d'Hilliers, avaient cherché à tourner la droite des Piémontais. Six pièces d'artillerie habilement dirigées par le général Forgeot, avaient ouvert un feu très vif sur le flanc de ces colonnes et les avaient forcées à rebrousser chemin en désordre.

Tandis que le corps du maréchal Baraguey d'Hilliers soutenait la lutte à Solferino, le corps du duc de Magenta s'était déployé dans la plaine de Guidizzolo, en avant de la ferme Casa-Marino, et sa ligne de bataille, coupant la route de Mantoue, dirigeait sa droite vers Medole. A neuf heures du matin, il fut attaqué par une forte colonne autrichienne, précédée d'une nombreuse artillerie qui vint se mettre en batterie à mille ou douze cents mètres en avant de notre front.

L'artillerie des deux premières divisions du 2ᵉ corps, s'avançant immédiatement sur la ligne des tirailleurs, ouvrit un feu très vif contre le front des Autrichiens, et, dans le même instant, les batteries à cheval des divisions Desvaux et Partouneaux, se portant rapidement sur la droite, prirent d'écharpe les canons ennemis, qui furent ainsi réduits au silence et bientôt forcés à se reporter en arrière. Immédiatement après, les divisions Desvaux et Partouneaux chargèrent les Autrichiens et leur firent six cents prisonniers.

Cependant une colonne de deux régiments de cavalerie autrichienne avait cherché à tourner la gauche du 2ᵉ corps, et le duc de Magenta avait dirigé contre elle six escadrons de chasseurs. Trois charges heureuses de notre cavalerie repoussèrent celle de l'ennemi, qui laissa dans nos mains bon nombre d'hommes et de chevaux.

A deux heures et demie, le duc de Magenta prit l'offensive à son tour, et donna au général de la Motterouge l'ordre de se porter sur sa gauche, du côté de Solferino, pour enlever San-Cassiano et les autres positions occupées par l'ennemi.

Le village fut tourné de deux côtés et emporté avec une vigueur irrésistible par les tirailleurs algériens et le 45ᵉ. Les tirailleurs furent lancés aussitôt sur le contre-fort principal qui relie Cavriana à San-Cassiano, et qui était défendu par des forces considérables. Un premier mamelon, couronné par une espèce de redoute, tomba rapidement au pouvoir des tirailleurs; mais l'ennemi, par un vigoureux retour offensif, parvint à les en déloger. Ils s'en emparèrent de nouveau avec l'aide du 45ᵉ et du 72ᵉ, et en furent repoussés une fois encore. Pour soutenir cette attaque, le général de la Motterouge dut faire marcher sa brigade de réserve, et le duc de Magenta fit avancer son corps tout entier.

En ce moment, une effroyable tempête, qui éclata sur les deux armées, obscurcit le ciel et suspendit la lutte; mais dès que l'orage eut cessé, nos troupes reprirent l'œuvre commencée et chassèrent l'ennemi de toutes les hauteurs qui dominent le village. Bientôt après, le feu de l'artillerie de la garde changeait la retraite des Autrichiens en une fuite précipitée.

En même temps, l'Empereur donnait l'ordre à la brigade Manèque, des voltigeurs de la garde, appuyée par les grenadiers du général Mellinet, de se porter de Solferino contre Cavriana.

L'ennemi ne put résister plus longtemps à cette double attaque soutenue par le feu de l'artillerie de la garde, et, vers cinq heures du soir, les voltigeurs et les tirailleurs algériens entraient en même temps dans le village de Cavriana.

Pendant cette affaire, les chasseurs à cheval de la garde, qui flanquaient la droite du duc de Magenta, eurent à charger la cavalerie autrichienne, qui menaçait de le tourner.

A six heures et demie, l'ennemi battait en retraite dans toutes les directions.

Mais bien que la bataille fût gagnée au centre, où nos troupes n'avaient pas cessé de faire des progrès, la droite et la gauche restaient encore en arrière. Cependant les troupes du 4ᵉ corps avaient pris, elles aussi, une large et glorieuse part à la bataille de Solferino.

Parties de Carpenedolo à trois heures du matin, elles se dirigeaient sur Medole, appuyées par la cavalerie des divisions Desvaux et Partouneaux, lorsque, à deux kilomètres en avant de Medole, les escadrons de chasseurs qui éclairaient la marche du corps rencontrèrent les uhlans. Ils les chargèrent avec impétuosité, mais ils furent arrêtés par l'infanterie et l'artillerie ennemies, qui défendaient le village. Le général de Luzy prit aussitôt ses dispositions d'attaque. Pendant qu'il faisait tourner Medole à droite et à gauche par deux colonnes, il s'avançait lui-même de front, précédé par son artillerie, qui canonnait le village. Cette attaque, exécutée avec une grande vigueur, eut un plein succès : à sept heures, l'ennemi se retirait de Medole, et nous lui avions enlevé deux canons et fait bon nombre de prisonniers.

La division Vinoy, qui suivait la division de Luzy, se porta, au sortir de Medole, dans la direction d'une maison isolée, nommée Casa-Nova, qui est située dans la plaine, sur la route de Mantoue, à deux kilomètres de Guidizzolo. L'ennemi se trouvait en forces considérables de ce côté, et un combat acharné s'y engagea, pendant que la division de Luzy marchait vers Ceresera d'une part, et vers Rebecco de l'autre.

En ce moment, l'ennemi tenta de tourner la gauche de la division Vinoy par l'intervalle que laissaient entre eux le 2ᵉ et le 4ᵉ corps; il s'approcha jusqu'à deux cents mètres du front de nos troupes, mais il fut alors arrêté par le feu de quarante-deux pièces d'artillerie, dirigées par le général Soleille. Le canon de l'ennemi vint aussitôt prendre part à la lutte, et la soutint une grande partie de la journée, bien qu'avec une infériorité manifeste.

La division de Failly arriva à son tour, et le général Niel, réservant la seconde brigade de cette division, porta la première entre Casanova et Rebecco, vers le hameau de Baete, pour relier le général de Luzy au général Vinoy. Le but général était de se porter vers Guidizzolo dès que le duc de Magenta se serait emparé de Cavriana, et il espérait couper ainsi à l'ennemi la route de Volta et de Goïto; mais il fallait, pour exécuter ce plan, que les troupes du corps du maréchal Canrobert vinssent remplacer à Rebecco celles du général de Luzy.

Le 3ᵉ corps, parti de Mezzane à deux heures et demie du matin, avait passé la Chiese à Viseno et était arrivé à sept heures à Castelgoffredo, petite ville enceinte de murs, que la cavalerie de l'ennemi occupait encore. Tandis que le général Jannin tournait la position au sud, le général Renault l'abordait de front, faisant enfoncer la porte par les sapeurs du génie, et pénétrait dans la ville en chassant devant lui les cavaliers ennemis.

Vers neuf heures du matin, la division Renault, arrivée à hauteur de Medole, se reliait sur sa gauche avec le général de Luzy, du côté de Ceresara, et sur sa droite faisait face à Castelgoffredo, de manière à surveiller les mouvements du corps détaché dont le départ de Mantoue avait été annoncé.

Cette appréhension paralysa pendant la plus grande partie du jour le corps d'armée du maréchal Canrobert, qui ne jugea pas prudent de prêter tout d'abord au 4ᵉ corps l'appui que lui demandait le général Niel. Néanmoins, vers les trois heures de l'après-midi, rassuré sur sa droite, et ayant jugé par lui-même la position du général Niel, le maréchal Canrobert fit appuyer la division Renault sur Rebecco, et donna ordre au général Trochu de porter sa première brigade entre Casa-Nova et Baete, sur le point où se dirigeaient les plus redoutables attaques de l'ennemi. Ce renfort de troupes fraîches permit au général Niel de lancer dans la direction de Guidizzolo une partie des divisions de Luzy et de Failly.

Cette colonne s'avança jusqu'aux premières maisons du village, mais trouvant devant elle des forces supérieures établies dans une bonne position, elle fut contrainte de s'arrêter.

Le général Trochu s'avança alors pour soutenir l'attaque avec la brigade Bataille, de sa division. Il marcha à l'ennemi par bataillons serrés, en échiquier, l'aile droite en avant, avec autant d'ordre et de sang-froid que sur un champ de manœuvres. Il enleva à l'ennemi une compagnie d'infanterie et deux pièces de canon, et déjà il était arrivé à demi-distance de la Casa-Nova à Guidizzolo, lorsqu'éclata l'orage qui vint mettre fin à cette terrible lutte, que le concours du 3ᵉ et du 4ᵉ corps menaçait de rendre si funeste à l'ennemi.

Au milieu des péripéties de ce combat de douze heures, la cavalerie a été d'un puissant secours pour arrêter les efforts de l'ennemi du côté de la Casa-Nova. A plusieurs reprises, les divisions Partouneaux et Desvaux ont chargé l'infanterie autrichienne et rompu ses carrés. Mais c'est surtout notre nouvelle artillerie qui produisit sur l'ennemi les effets les plus terribles. Ses coups allaient l'atteindre à des distances d'où les plus gros calibres étaient impuissants à riposter, et jonchaient la plaine de cadavres.

Le 4ᵉ corps a enlevé aux Autrichiens un drapeau, sept pièces de canon et deux mille prisonniers.

De son côté, l'armée du roi, placée à notre extrême gauche, avait eu également sa rude et belle journée.

Elle s'avançait, forte de quatre divisions, dans la direction de Peschiera, de Pozzolengo et de Madonna della Scoperta, lorsque, vers sept heures du matin, son avant-garde rencontra les avant-postes ennemis entre San-Martino et Pozzolengo.

Le combat s'engagea ; mais de gros renforts autrichiens accoururent et firent reculer les Piémontais jusqu'en arrière de San-Martino, et menacèrent même de couper leur ligne de retraite. Une brigade de la division Mollard arriva alors en toute hâte sur le lieu du combat, et monta à l'assaut des hauteurs où l'ennemi venait de s'établir. Deux fois elle en atteignit le sommet en s'emparant de plusieurs pièces de canon ; mais deux fois aussi elle dut céder au nombre et abandonner sa conquête.

L'ennemi gagnait du terrain, malgré quelques charges brillantes de la cavalerie du roi, quand la division Cucchiari, débouchant sur le champ de bataille par la route de Rivoltella, vint soutenir le général Mollard. Les troupes sardes s'élancèrent une troisième fois sous un feu meurtrier : l'église et toutes les cascines de la droite furent emportées, et huit pièces de canon furent enlevées ; mais l'ennemi parvint encore à les dégager et à reprendre ses positions.

En ce moment, la 2ᵉ brigade du général Cucchiari, qui s'était formée en colonne d'attaque à gauche de la route de Luggana, marcha contre l'église de San Martino, regagna le terrain perdu, et emporta les hauteurs pour la quatrième fois, sans réussir cependant à s'y maintenir, car, écrasée par la mitraille et placée en face d'un ennemi qui, renforcé sans cesse, revenait sans cesse à la charge, elle ne put attendre le secours que lui apportait la 2ᵉ brigade du général Mollard, et les Piémontais, épuisés, firent retraite en bon ordre sur la route de Rivoltella.

C'est alors que la brigade d'Aoste, de la division Fanti, qui s'était portée d'abord vers Solferino pour donner la main au maréchal Baraguey d'Hilliers, fut envoyée par le roi pour appuyer les généraux Mollard et Cucchiari dans l'attaque de San-Martino. Elle fut un moment arrêtée par la tempête ; mais, vers cinq heures du soir, cette brigade et la brigade Pignerol, soutenues par une forte artillerie, marchèrent à l'ennemi sous un feu terrible et atteignirent les hauteurs. Elles s'en emparèrent pied à pied, cascine par cascine, et parvinrent à s'y maintenir en combattant avec acharnement. L'ennemi commença à plier, et l'artillerie piémontaise, gagnant les crêtes, put bientôt les couronner de vingt-quatre pièces de canon, que les Autrichiens cherchèrent vainement à enlever : deux brillantes charges de la cavalerie du roi les dispersèrent ; la mitraille porta le désordre dans leurs rangs, et les troupes sardes restèrent enfin maîtresses des formidables positions que l'ennemi avait défendues, une journée entière, avec tant d'acharnement.

D'un autre côté, la division Durando était restée aux prises avec les Autrichiens depuis cinq heures et demie du matin. A cette heure, son avant-garde avait rencontré l'ennemi à Madonna della Scoperta, et les troupes sardes y avaient soutenu jusqu'à midi les efforts d'un ennemi supérieur en nombre qui les avait enfin obligées à se replier ; mais, renforcées alors par la brigade de Savoie, elles reprirent l'offensive, et, repoussant les Autrichiens à leur tour, elles s'emparèrent de Madonna della Scoperta. Après ce premier succès, le général de La Marmora dirigea la division Durando vers San Martino, où elle ne put arriver à temps pour concourir à la prise de la position, car elle rencontra sur la route une colonne autrichienne avec laquelle elle eut à lutter pour s'ouvrir passage, et quand elle eut triomphé de cet obstacle, le village de San Martino était au pouvoir des Piémontais. Le général de La Marmora avait dirigé, d'autre part, la brigade de Piémont de la division Fanti vers Pozzolengo. Cette brigade enleva avec une grande vigueur les positions de l'ennemi en avant du village, et, s'étant rendue maîtresse de Pozzolengo après une vive attaque, elle repoussa les Autrichiens et les poursuivit jusqu'à une certaine distance, en leur faisant essuyer de grandes pertes.

Celles de l'armée sarde furent malheureusement très considérables et ne s'élevèrent pas à moins de quarante-neuf officiers tués, cent soixante-sept blessés, six cent quarante-deux sous-officiers et soldats tués, trois mille quatre cent cinq blessés, douze cent cinquante-huit hommes disparus; total : cinq mille cinq cent vingt-cinq manquant à l'appel. Cinq pièces de canon étaient restées aux mains de l'armée du roi comme trophée de cette sanglante victoire qu'elle avait remportée contre un ennemi supérieur en nombre, dont les forces paraissent n'avoir pas été moindres de douze brigades.

Les pertes de l'armée française se sont élevées au chiffre de douze mille hommes de troupe tués ou blessés et de sept cent vingt officiers hors de combat, dont cent soixante tués. Parmi les blessés, on compte les généraux de Ladmirault, Forey, Auger, Dieu et Douay; sept colonels et six lieutenants-colonels ont été tués.

Quant aux pertes de l'armée autrichienne, elles n'ont pu être estimées encore; mais elles ont dû être très considérables, à en juger par le nombre des morts et des blessés qu'ils ont abandonnés sur toute l'étendue d'un champ de bataille qui n'a pas moins de cinq lieues de front. Ils ont laissé dans nos mains trente pièces de canon, un grand nombre de caissons, quatre drapeaux et six mille prisonniers.

La résistance que l'ennemi a opposée à nos troupes pendant seize heures peut s'expliquer par l'avantage que lui donnaient la supériorité du nombre et les positions presque inexpugnables qu'il occupait.

Pour la première fois, d'ailleurs, les troupes autrichiennes combattaient sous les yeux de leur souverain, et la présence des deux empereurs et du roi, en rendant la lutte plus acharnée, devait la rendre aussi plus décisive.

L'empereur Napoléon n'a pas cessé un seul instant de diriger l'action, en se portant sur tous les points où ses troupes avaient à déployer les plus grands efforts et à triompher des obstacles les plus difficiles. A diverses reprises, les projectiles de l'ennemi ont frappé dans les rangs de l'état-major et de l'escorte qui suivaient Sa Majesté.

A neuf heures du soir, on entendait encore dans le lointain le bruit du canon qui précipitait la retraite de l'ennemi, et nos troupes allumaient les feux du bivouac sur le champ de bataille qu'elles avaient si glorieusement conquis.

Le fruit de cette victoire est l'abandon par l'ennemi de toutes les positions qu'il avait préparées sur la rive droite du Mincio pour en disputer les approches. D'après les derniers renseignements reçus, l'armée autrichienne, découragée, semblerait même renoncer à défendre le passage de la rivière et se retirerait sur Vérone.

Viennent maintenant deux ordres du jour : l'un de l'empereur Napoléon III, l'autre du roi Victor-Emmanuel.

Voici le premier :

« Au quartier général impérial de Cavriana, le 25 juin 1859.

« Soldats !

« L'ennemi croyait nous surprendre et nous rejeter au delà de la Chiese; c'est lui qui a repassé le Mincio.

« Vous avez dignement soutenu l'honneur de la France, et la bataille de Solférino égale et dépasse même les souvenirs de Lonato et de Castiglione.

« Pendant douze heures, vous avez repoussé les efforts désespérés de plus de cent cinquante mille hommes. Ni la nombreuse artillerie de l'ennemi, ni les positions formidables qu'il occupait sur une profondeur de trois lieues, ni la chaleur accablante n'ont arrêté votre élan.

« La patrie reconnaissante vous remercie, par ma bouche, de tant de persévérance et de courage; mais elle pleure avec moi ceux qui sont morts au champ d'honneur.

« Nous avons pris trois drapeaux, trente canons et six mille prisonniers.

« L'armée sarde a lutté avec la même bravoure contre des forces supérieures; elle est bien digne de marcher à vos côtés.

— Soldats! tant de sang versé ne sera pas inutile pour la gloire de la France et pour le bonheur des peuples.

« NAPOLÉON. »

Voici le second ordre du jour :

« La victoire a coûté de graves sacrifices, mais par ce noble sang noblement versé pour la plus sainte des causes, l'Europe apprendra que l'Italie est digne de figurer parmi les nations.

« Soldats ! dans les précédentes batailles, j'ai souvent eu l'occasion de signaler à l'ordre du jour les noms de beaucoup d'entre vous.

« Aujourd'hui, je porte à l'ordre du jour l'armée tout entière.

« VICTOR-EMMANUEL. »

XVIII

Parmi les épisodes nombreux de cette mémorable bataille de Solferino, nous en distinguons un auquel se trouve mêlé le nom d'un de nos amis, M. Pierre Bry.

M. Pierre Bry donne simplement ses impressions, qui ont une saveur particulière. Nous les lui emprunterons donc pour les mettre ici à la place qui leur appartient.

« Parti de Paris le samedi 18 juin, à huit heures du soir, — dit-il, — j'arrivais à Mâcon le dimanche à quatre heures du matin.

« J'étais à Turin le lundi dans l'après-midi. J'en repartais le mardi matin à quatre heures pour Milan. Mais je n'y arrivai pas directement, pour une double raison : les Autrichiens avaient coupé la voie pendant environ deux lieues, en deçà et au delà du Tessin, ce qui rendait la route impossible pour les convois, même les mieux remorqués, même les plus Cramptonnés; ensuite, Magenta se trouvait sur mon passage, et je ne voulais pas passer là sans m'y arrêter pour saluer ce champ de bataille, où tant de sang héroïque avait coulé.

« Le Tessin franchi, sur un pont de bateaux, je m'arrêtai donc à Magenta. Il y avait eu des morts, beaucoup de morts, beaucoup de Français et plus d'Autrichiens encore. J'arrachai en chemin des pampres verdoyants comme des cyprès, j'en fis une couronne, et j'allai la déposer sur une des petites croix des dix-sept fosses qui se trouvent dans la tranchée du chemin de fer.

« — A ceux qui sont morts vaillamment, murmurai-je. Il n'y a plus ici ni Autrichiens ni Français : il y a des hommes qui ont fait leur devoir de soldats, voilà tout !

« A deux pas de cette tranchée, sous un petit bosquet de haies, des paysans me firent remarquer une croix où était crayonné : « Ici est enterré, par le 2ᵉ étranger, Alavoine, capitaine au 1ᵉʳ régiment de zouaves. »

« Midi sonnait, nous reprenions le chemin de fer, et, deux heures après, nous arrivions à Milan, où je restai, moitié pour affaires personnelles, moitié par curiosité, également personnelle, pendant toute la soirée du mardi et pendant toute la journée du mercredi.

« Le jeudi matin, je quittai Milan pour me rendre à Lodi ; je rencontrai force processions à Marignan, Castiglione, et voire même Lodi, où je ne restai que deux heures et repartis pour Crémone, où j'arrivai dans l'après-midi, quelques instants avant la division d'Autemarre. Je me reposai quelques instants avec les officiers du 3ᵉ zouaves, au café de Garibaldi. Je quittai Crémone dans la soirée, et j'arrivai à Brescia le vendredi, vers cinq heures du matin.

« A Brescia, j'appris par un marchand forain, nommé Auger, qu'une grande bataille avait commencé vers quatre heures, et que les engagements avaient eu lieu dans les environs de Castiglione. C'était le moment de partir ; je louai, en effet, une petite voiture, une sorte de corricolo, qui se dirigea en grande hâte du côté où grondait le *brutal*. A dix heures, j'étais à Médole, où j'abandonnais ma voiture sur la place de l'Église, au milieu d'un embarras d'Autrichiens et de chevaux morts, et de là je m'enfonçai dans le village, le cœur battant comme un tambour sous les baguettes d'une émotion que vous comprenez bien, j'imagine.

« Le village était encombré, je ne voyais partout que des uniformes et des physionomies de soldats. Mon costume de Parisien faisait un contraste désavantageux pour moi ; on me regardait un peu, pas beaucoup, mais enfin on me regardait et cela me gênait. On a beau avoir la conscience en paix, on fait mauvaise figure, lorsque, *pékin*, on est toisé par des guerriers ; rien ne m'aurait plus contrarié que de passer vis-à-vis de vaillants hommes pour un espion, c'est-à-dire pour le plus méprisable des hommes.

« Arrivé près du clocher qui servait d'observatoire, le canon tonnait, le sol tremblait sous mes pieds, je n'y tenais plus ; j'abordai résolûment un groupe d'officiers du 8ᵉ d'artillerie par ces mots :

« — Ah ! messieurs, quelle sublime horreur que la guerre.

« — S'il vous plaît, reprit un de ces messieurs, vous n'étiez donc pas à Magenta ?

« — Non, messieurs.

« — Vous n'êtes donc pas journaliste ?

« — Non.

« — Artiste ?

« — Non ; je suis libraire-éditeur.

« — Ah ! bah, reprit un vieux capitaine, nous avons vu à Magenta un de vos confrères, le père Furne, il était venu de Paris tout exprès pour nous voir casser la *boule*, et vous ?

« — Non pas de Paris, mais de Brescia, pour voir une vraie bataille.

« — Puisque vous voulez faire comme M. Furne, reprit un des officiers, montez dans ce clocher que vous voyez là, vous serez placé de façon à en avoir pour votre argent ; adieu, camarade Bry, et bon courage !

« Le renseignement était bon, j'en profitai et me dirigeai vers le clocher, disposé à l'escalader au pas de course. Par malheur, l'escalier de ce clocher n'était pas aussi bon que le renseignement qu'on venait de me donner; il me fallut employer toutes mes ressources de gymnastique pour opérer mon ascension; messieurs les Autrichiens avaient passé là!...

« Tout haletant de fatigue et d'émotion, je me plaçai à cheval sur une cloche, le bras passé dans la roue du carillon, où bientôt vinrent me joindre, je ne sais par quel chemin, soldats français et femmes italiennes, qui, pendant une heure, suivirent des yeux comme moi les mouvements des deux armées, charges de cavalerie, combats à la baïonnette, assauts des mamelons de Cavriana et de Solferino.

« A un moment, que j'oublierai difficilement, les femmes italiennes qui étaient dans le clocher embrassèrent nos soldats avec une furie irrésistible, l'œil était en feu, le bras tendu vers la plaine, et de la voix la plus rude elles leur criaient dans une langue intraduisible : *Brave Francese, tous les Tudesques, tuez-les! Qu'ils ne reviennent jamais, ces Austriaci! Tuez-les, tuez-les!*

« L'émotion m'envahissait trop; je redescendis. Sur la place, je retrouvai mes camarades improvisés de tout à l'heure. Il n'avaient pas beaucoup le temps de s'occuper de moi, comme on pense bien : les blessés arrivaient de toutes parts!

« L'un d'eux, cependant, en m'apercevant, me demanda si je voulais remplir un rôle un peu moins inutile que celui de curieux; je ne demandais pas mieux, et il le vit bien à ma physionomie qui a le défaut de ne pas savoir déguiser ses impressions. Tout aussitôt alors il me fit quitter mon uniforme de *pékin* et me jeta un costume d'ordonnance de zouave, pantalon, blouse grise et fez rouge, que je m'empressai de revêtir; je montais en grade!

« Un quart d'heure après, j'étais en plein champ de bataille, c'est-à-dire en plein champ de morts et de mourants; les hommes gisaient là, sur la terre humide de leur généreux sang, comme des épis coupés par l'ouragan. Ah! à ce moment je vis rouge, et ce sera pendant longtemps encore le rêve douloureux de mes nuits. Nécessité que la guerre, dit-on. Terrible nécessité, en tout cas!

« Mais je n'étais pas là pour faire de la sensiblerie, mais une besogne d'humanité. J'aidai à ramasser les blessés, français et autrichiens, en évitant soigneusement de marcher sur les morts entassés là comme des gerbes après la moisson. Pourtant c'était difficile, car étroit était le sentier que bordaient de chaque côté ces tristes débris d'hommes.

« On se familiarise vite avec ces lamentables spectacles. Le cœur s'endurcit, il se cuirasse, fort heureusement, car alors qui ferait ces douloureuses besognes de fossoyeurs? Au bout de cinq heures de cet exercice, par une chaleur étouffante, j'étais forcé d'y renoncer et je reprenais le chemin de Médole après avoir placé sur un cacolet trois blessés,

deux Français et un Autrichien, ce dernier au milieu, de façon qu'il pût s'appuyer sur chacun de ses voisins; il était dans un triste état, le malheureux! Les deux autres blessés étaient, l'un un capitaine du 77e et l'autre un simple soldat du 23e. Je marchais à côté d'eux et de minute en minute j'avais soin de tremper dans l'eau d'un clair ruisseau qui coulait tout le long de la route, une branche de mûrier que j'avais cueillie, afin d'en arroser doucement mes trois blessés qui, sans cette précaution, auraient pu défaillir.

« A quatre heures et demie, au moment de l'orage, nous entrions à Medole, et nous arrivions sur la place de l'Eglise, où se trouvait encore un certain nombre d'artilleurs du 8e avec lesquels j'avais fait connaissance dans la matinée. Ils m'embrassèrent de nouveau et voulurent à toute force boire à ma bienvenue. Il n'y avait vraiment pas de quoi. Cependant, comme un refus aurait pu blesser ces vaillants et loyaux cœurs, et que, d'ailleurs, j'avais horriblement soif, je consentis; il n'y avait là ni verres, ni bouteilles, ni vin, ni eau-de-vie, ni limonade, ni coco. On me présenta une grande cuiller à pot, en fer-blanc, pleine d'eau glacée; d'autres cuillers de même métal s'avancèrent, et l'on trinqua.

« — A l'indépendance italienne! dirent les artilleurs.

« — A la France! dit Jeanron, qui venait d'arriver.

« — A la paix! murmurai-je, en songeant, tout ému, aux sublimes horreurs dont j'avais été le témoin. »

XIX

Nous avons raconté les différents actes de ce drame glorieux, — depuis le premier jusqu'au dernier. Il ne nous reste plus aujourd'hui qu'à en raconter l'épilogue.

Le 8 juillet, une suspension d'armes était signée à Villafranca entre l'empereur d'Autriche et l'empereur des Français.

Le 12 juillet paraissait cette proclamation à l'armée :

« Soldats!

« Les bases de la paix sont arrêtées avec l'empereur d'Autriche; le but principal de la guerre est atteint; l'Italie va devenir pour la première fois une nation. Une confédération de tous les Etats de l'Italie, sous la présidence honoraire du saint-père, réunira en un faisceau les membres d'une même famille; la Vénétie reste, il est vrai, sous le sceptre de l'Autriche ; elle sera néanmoins une province italienne faisant partie de la Confédération.

« La réunion de la Lombardie au Piémont nous crée de ce côté des Alpes un allié puissant qui nous devra son indépendance ; les gouvernements restés en dehors du mouvement ou rappelés dans leurs possessions comprendront la nécessité des réformes salutaires. Une amnistie générale fera disparaître les traces des discordes civiles. L'Italie, désormais maîtresse de ses destinées, n'aura plus qu'à s'en prendre à elle-même si elle ne progresse pas régulièrement dans l'ordre et la liberté.

« Vous allez bientôt retourner en France ; la patrie reconnaissante recueillera avec transport ces soldats qui ont porté si haut la gloire de nos armes à Montebello, à Palestro, à Turbigo, à Magenta, à Marignan et à Solferino, qui en deux mois ont affranchi le Piémont et la Lombardie, et ne se sont arrêtés que parce que la lutte allait prendre des proportions qui n'étaient plus en rapport avec les intérêts que la France avait dans cette guerre formidable.

« Soyez donc fiers de vos succès, fiers des résultats obtenus, fiers surtout d'être les enfants bien-aimés de cette France qui sera toujours la grande nation tant qu'elle aura un cœur pour comprendre les nobles causes et des hommes comme vous pour les défendre.

« Au quartier impérial de Valeggio, le 12 juillet 1859.

« Napoléon. »

Deux jours après paraissait cette autre proclamation adressée par Victor-Emmanuel aux peuples de la Lombardie :

« Le ciel a béni nos armes. Avec la puissante aide de notre magnanime et valeureux allié l'empereur Napoléon III, nous sommes arrivés en peu de jours, de victoire en victoire, sur les rives du Mincio. Aujourd'hui, je reviens parmi vous pour vous donner l'heureuse nouvelle que Dieu a exaucé mes vœux. L'armistice suivi des préliminaires de la paix ont assuré aux peuples de la Lombardie leur indépendance.

« Selon le désir par vous tant de fois exprimé, vous formerez dorénavant avec nos anciens Etats une seule et libre famille. Je prendrai sous ma direction votre sort ; et, sûr de trouver en vous ce concours dont a besoin le chef d'un Etat pour créer une nouvelle administration, je vous dis : Peuples de la Lombardie, fiez-vous à votre roi ; il pourra établir sur de solides et impérissables bases la félicité des nouvelles contrées que le ciel a conférées à son gouvernement. »

XX

La paix est faite. Dieu veuille qu'elle soit durable !

Elle a coûté assez d'argent — et surtout assez d'hommes — pour qu'on puisse l'espérer. La France a été saignée aux quatre veines, sans en être affaiblie, mais non sans en être attristée.

Heureusement que le résultat qu'elle voulait atteindre est atteint.

ALFRED DELVAU.

FIN DE L'HISTOIRE DE LA CAMPAGNE D'ITALIE.

M. P. Bry conduisant un convoi de blessés.

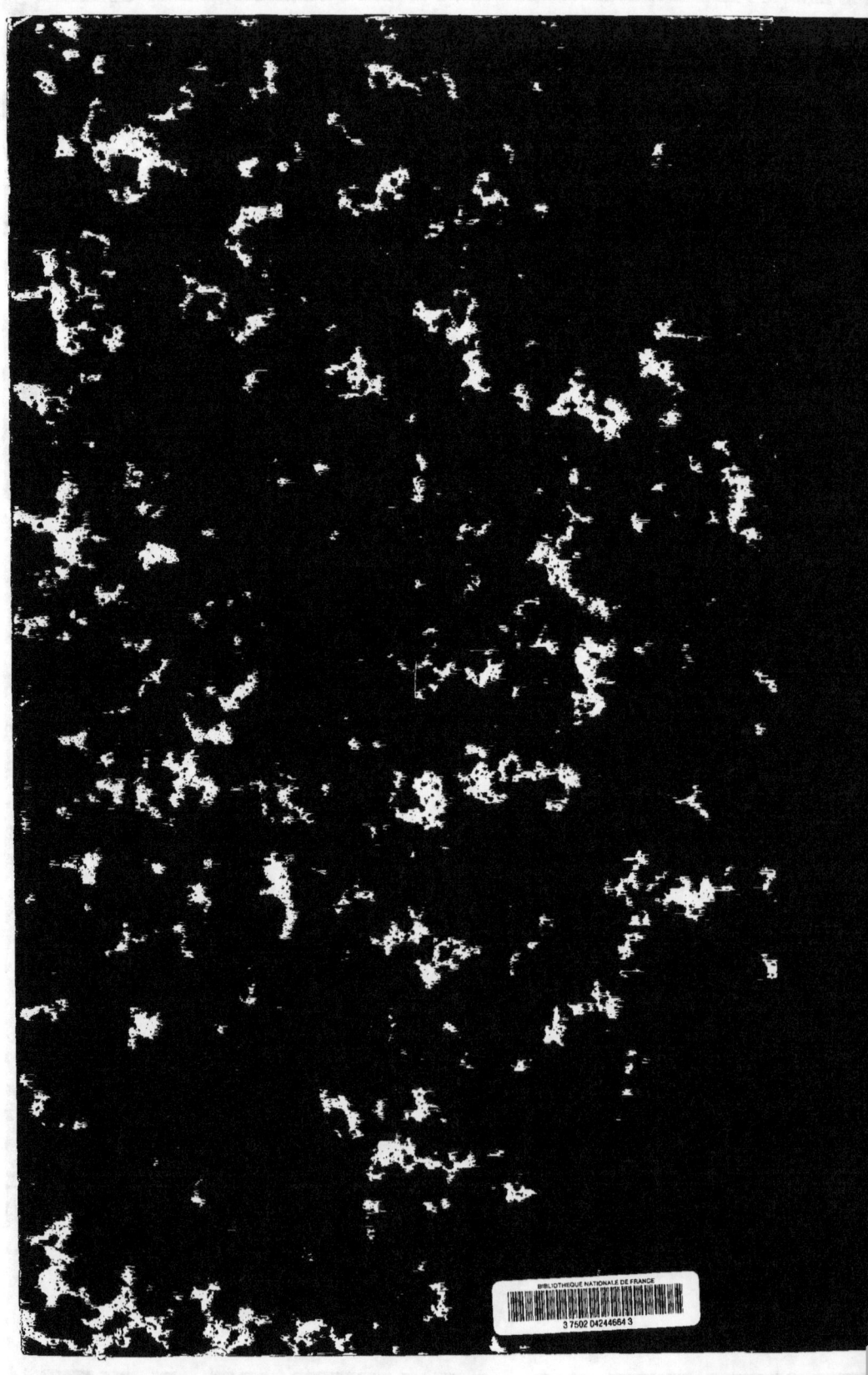

www.ingramcontent.com/pod-product-compliance
Lightning Source LLC
LaVergne TN
LVHW020045090426
835510LV00040B/1424